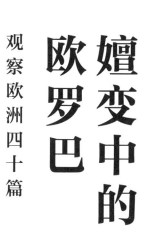

嬗变中的
欧罗巴

观察欧洲四十篇

丁纯 杨海峰

主编

Europe
in Transition
40 Articles of Observation

上海人民出版社

序

习近平总书记指出:"中欧是维护世界和平的两大力量、促进共同发展的两大市场、推动人类进步的两大文明。"理解欧洲,无论是对发展中欧关系,还是对深化改革开放,推动中国的发展都有着至关重要的作用。而推动上海欧洲研究学界的学术研究、学术交流,为中国及上海发展贡献学界智慧,也正是上海欧洲学会的"初心"。

理解欧洲,离不开对欧洲长期的、全面的、深度的观察和研究。经历半个多世纪的发展,欧洲一体化进程已经扩大到欧洲经济、政治、法律、社会的许多方面,深入到前所未有的水平。观察欧洲和欧洲一体化,早已不是一位学者、一个机构所能承担的简单任务。因此,欧洲观察日益有赖于不同领域、不同专长的观察者的共同努力和持续交流。基于对欧洲一体化进程的深刻认识,上海欧洲学会始终努力推进上海欧洲学界的学术交流,在一代又一代学者,尤其是上海欧洲学会名誉会长伍贻康、戴炳然、徐明棋等前辈领导、学者的卓越领导和不懈奋斗下,聚沙成塔,推陈出新,不断深化对欧洲的认识,为学界和更广大社会了解欧洲和欧洲一体化打开了一扇窗。

自 2016 年以来,欧洲内部政治经济形势和外部环境发生了深刻、剧烈的变化,欧盟在危机中改革、调适,欧洲一体化也在曲折中艰难发展。

首先,在经济层面,欧盟刚刚从主权债务危机的阴影中走出,就遭遇了英国脱欧和美国特朗普政府单边主义的严峻挑战。前者导致原先的欧盟第二大经济体、第二大净贡献国退出欧盟。而三年挣扎的脱欧进程,不仅导致英国经历三年三任首相的剧烈政治动荡,又导致欧盟金融服务业等行业遭遇巨大冲击。后者则前所未有地破坏了美欧关系,不仅原计划的《跨大西洋贸易与投资伙伴关系协定》宣告搁置，美国甚至挥舞关税大棒对欧盟发起贸易冲突，还使得欧盟竭力维护的世界贸易组织及其代表的多边主义经贸体系瘫痪。在这些冲击下，欧盟勉力维持了2％的经济增速，并试图通过重启产业政策、建设经贸工具等方式，维护和提高自身尤其是在数字等新兴领域的竞争力。但是，2020年，突如其来的新冠肺炎疫情打乱了欧盟经济发展的节奏，欧盟经济遭遇了"严冬"。在此期间，欧盟通过"下一代欧盟"复苏基金等工具，迈出了财政一体化的步伐，逐渐从疫情冲击中走出来。但2022年2月爆发的俄乌冲突以及随之而来的能源危机，又令稍有起色的欧洲经济面临巨大挑战。对俄制裁导致的能源供应紧张，进一步冲击了欧洲脆弱的经济，欧洲经济的"优等生"德国也沦为了欧盟经济增速的拖后腿者。严重的通货膨胀迫使欧洲央行进行了10轮加息，欧洲各国也竭尽财政资源试图稳定经济。尽管能源危机逐渐退去，俄乌冲突的僵持、持续的紧缩政策、高企的政府债务等仍然令欧洲经济笼罩在阴影中。

其次，欧盟政治发生了复杂的变化。欧盟层面，政治一体化进程遭遇严峻挑战。欧盟的扩张减速，出现了"脱欧"的呼声和实践，在克罗地亚"火线入盟"后，欧盟对在巴尔干地区的扩张采取非常谨慎的态度。欧盟机构内部，欧盟领导人的产生遭遇了困难，原本备受期待的"领衔候选人"制度未能在2019年的欧盟领导人换届中应用，最终得到大国支持的冯德莱恩成了新一届欧盟委员会主席。政党层面，疑欧主义政党在欧洲议会和成员国内部兴起，民粹主义尤其是右翼民粹主义势力支持率逐渐上升，甚至在一些欧洲国家获得了执政地位。成员国层面，大国政坛经历一轮洗牌，执掌德国16年的默克尔退出政坛，而选前不被看好的社民党候选人朔尔茨，领导与自民党、绿党组成的"红绿灯"联盟成为默克尔的继任者。法国政坛中，年轻的马克龙两次抵御了极右翼勒庞的冲击，以"不左不右"的新姿态，试图引领动荡的法国社会。在英国，"脱欧"问题成了传统两党的"毒药"，接连"送走"了多位首相和党魁，而成功实现协议脱欧的鲍里斯·约翰逊，又因应对疫情不力和丑闻而草草下台，英国政坛又历经特拉斯的短暂失败执政，才在印度裔首相苏纳克的执政下勉强稳定下来。政党碎片化、政治极化成为过去一段时间欧洲政治的普遍现象。

再次,欧盟的对外关系也经历了波动。在多重危机的冲击下,欧盟综合实力和国际地位"相对萎缩",欧盟在对外关系中实力不足的问题日益暴露出来。美欧关系经历了特朗普时代"美国优先"的冲击,从美欧贸易摩擦到军费达标要求,从退出《巴黎协定》到退出伊朗核协议,美国在双边和多边领域漠视乃至损害欧洲利益,让跨大西洋关系裂痕日渐明显。美欧关系并未随着美国民主党上台复原如初,拜登政府在欧洲能源危机背景下通过的《通胀削减法案》,令欧洲又升起对美国单边主义的担忧。欧盟对华关系也发生了重大调整,经热政冷逐渐成为中欧关系现实。在2019年明确的对华"伙伴、竞争者、体制对手"三重定位和2023年提出的"去风险"概念指导下,欧盟对华政策朝着不脱钩但更强硬的方向变化。经历七年谈判的《中欧投资协定》则遭到了欧洲议会的冻结。从前作为中欧关系稳定锚的经贸关系,也在复杂的国际大背景和双边小气候中面临挑战。欧俄关系则因俄乌冲突降至冰点,安全成为欧盟对外关系乃至政治领域的最高目标,也导致欧盟对美国依赖加深、对中国防备提高。在种种外部不稳定因素刺激下,欧盟出现了追求"战略自主"的呼声,并从防务领域扩展到经贸、技术等领域。冯德莱恩也试图推动"地缘政治转型",加强欧盟的地缘政治实力。尽管欧盟在发展对日和对印关系上取得了一定成就,但总体来看,欧盟外部国际环境恶化、大国关系相对降温是不争的事实。"印太战略""全球门户"计划等外交大手笔,目前还未见成效。

此外,在思想文化领域,欧洲面临团结与撕裂的反复。在英国脱欧、特朗普当选等事件冲击下,疑欧主义一度有席卷欧洲之势。但在各国亲欧力量的共同抵制下,疑欧主义没有推倒脱欧的多米诺骨牌。然而,对于欧盟的质疑从未在政治话语中消失,欧洲认同建设依旧任重道远。在气候变化、移民难民等热点议题上,欧洲始终未能形成共识,也导致政治经济政策出现反复。而在2023年的巴以冲突中,左翼与右翼、精英与大众,乃至欧盟机构内部、不同欧盟成员国之间都显示出明显的分歧。尽管俄乌冲突的紧急形势暂时降低了这些矛盾的急迫性,但未来欧洲一体化的进展,无疑会受到这些分歧的牵绊。

可以说,当下欧洲正处于"多事之秋"。经济复苏艰难、政治动荡持续,成员国间的发展趋异问题突出;国际环境波诡云谲,欧盟与主要大国关系转冷,多边主义等信念遭遇严峻考验。欧洲一体化遭遇了方向、程度上的迷茫,究竟是齐头并进,还是多速欧洲,抑或是逆一体化,尚无定论。战略自主、绿色转型、数字转型还有待实现。此时,细致的欧洲观察变得前所未有的重要。上海欧洲学会与澎湃新闻于2017年合作推出的"欧洲观察室"专栏,主要汇集了上海欧洲研究各路学者,集合欧洲一体化与国别政治、经济、对外关系等多种视角,为学界、媒体界和广大读者提供观察欧洲、交流思想的机会。目前,这一栏目已经更新了42期,其中既有优秀学者的来稿,也不乏多位大咖的对谈。此次选取的前40篇,是欧洲观察的初期成果,涵盖2017年以来欧盟以及法德英等国政治形势、政策动态和对华关系,闪烁着来自上海各大院校、研究机构的欧洲研究学者的思维火花。未来,上海欧洲学会还将继续支持"欧洲观察室"专栏,覆盖更多欧洲观察视角和观点,以飨读者。

最后,衷心感谢为"欧洲观察室"栏目撰稿、发言的各位欧洲研究同仁,感谢澎湃新闻各位编辑的辛勤付出,感谢各位读者的支持鼓励,还要特别感谢学会秘书长杨海峰博士的悉心组织与精心整理,衷心祝愿"欧洲观察室"栏目蒸蒸日上,推陈出新。

是为序。

丁纯　上海欧洲学会会长
2023年11月28日于上海

目　录

本书专家名录

（按姓氏拼音排序）

	早期文章中出现的单位与职务/职称	后期文章中出现的或者当前的单位与职务/职称
艾伦·惠特利（Alan Wheatley）	英国皇家国际事务研究所（Chatham House）副研究员	
崔洪建	中国国际问题研究院欧洲所所长	北京外国语大学区域与全球治理高等研究院教授
戴启秀	上海外国语大学国关学院教授、欧盟研究中心研究员，上海欧洲学会副秘书长	上海外国语大学国关学院教授、欧盟研究中心研究员
戴轶尘	上海社会科学院国际问题研究所助理研究员	上海社会科学院国际问题研究所欧洲室执行副主任
丁纯	中国欧洲学会副会长，复旦大学欧洲问题研究中心主任，让·莫内讲席教授	复旦大学欧洲问题研究中心主任、欧盟让·莫内讲席教授，上海欧洲学会会长
杜懋之（Mathieu Duchatel）	欧洲对外关系委员会（ECFR）亚太项目高级研究员	
方晓	上海国际问题研究院欧洲研究中心助理研究员	上海市人民政府外事办公室处长
胡春春	同济大学德国研究中心副主任	上海外国语大学上海全球治理与区域国别研究院副教授，"欧洲文明研究特色研究生班"负责人
简军波	复旦大学国际问题研究院中欧关系研究中心副主任、副教授	复旦大学国际问题研究院中欧关系研究中心副主任，上海欧洲学会副秘书长

	早期文章中出现的 单位与职务/职称	后期文章中出现的或者当前的 单位与职务/职称
姜云飞	上海社会科学院世界经济研究所助理研究员	上海社会科学院世界经济研究所副研究员
李冠杰	上海外国语大学英国研究中心助理研究员	上海外国语大学上海全球治理与区域国别研究院英国研究中心智库研究员
刘丽荣	复旦大学国际问题研究院中欧关系研究中心副教授	
龙静	上海国际问题研究院欧洲研究中心副主任	上海国际问题研究院欧洲研究中心副主任，上海欧洲学会副秘书长
罗长远	复旦大学欧洲问题研究中心教授、世界经济研究所副所长	复旦大学世界经济研究所教授，上海市世界经济学会会长
马斌	复旦大学国际问题研究院副研究员	
孟虹	中国人民大学德国研究中心研究员	
帕斯卡·博尼法斯（Pascal Boniface）	法国国际关系与战略研究所（IRIS）所长	
宋黎磊	同济大学德国研究中心研究员、政治与国际关系学院副教授	同济大学政治与国际关系学院教授、欧洲研究中心副主任，上海欧洲学会副秘书长
宋卿	上海国际问题研究院助理研究员	上海市人民对外友好协会办公室成员
陶星星	同济大学政治与国际关系学院2020级硕士研究生	
王朔	中国现代国际关系研究院欧洲研究所副所长	北京外国语大学国际关系学院外交系主任、教授
伍慧萍	同济大学德国研究中心副主任、教授，上海欧洲学会副会长	
伍贻康	上海社科院欧洲研究中心教授，上海欧洲学会名誉会长	
肖云上	上海外国语大学法语系前系主任、教授	

	早期文章中出现的 单位与职务/职称	后期文章中出现的或者当前的 单位与职务/职称
解晓燕	中国石油大学(华东)马克思主义学院副教授	
忻华	上海外国语大学欧盟研究中心专职研究员,上海欧洲学会学术研究部主任	上海外国语大学欧盟研究中心主任,上海欧洲学会副秘书长
徐明棋	上海欧洲学会会长	上海欧洲学会名誉会长
薛晟	上海外国语大学法语系讲师	上海外国语大学法语系副研究员、上海外国语大学区域国别研究院法国与法语国家研究中心智库研究员
严少华	复旦大学中欧关系研究中心青年副研究员	
杨海峰	上海欧洲学会副秘书长	上海欧洲学会秘书长
杨娜	南开大学周恩来政府管理学院副教授	南开大学周恩来政府管理学院教授、欧洲问题研究中心副主任
杨晓燕	中国石油大学(华东)马克思主义学院副教授	
杨解朴	中国社科院欧洲所副教授	中国社科院欧洲所研究员
叶江	上海国际问题研究院研究员,上海欧洲学会副会长	上海国际问题研究院研究员,上海欧洲学会顾问
尤斐	法籍华人,金融行业工作者	
张蓓	中国国际问题研究院欧洲所助理研究员	
张骥	复旦大学中外人文交流研究中心主任,法国研究中心副主任	复旦大学国际关系与公共事务学院教授、副院长,复旦大学法国研究中心副主任
张茗	上海社会科学院国际问题研究所副研究员	上海社会科学院国际问题研究所研究员
赵晨	中国社会科学院欧洲所国际关系研究室主任	
郑春荣	同济大学德国研究中心主任	同济大学德国研究中心主任,上海欧洲学会德国专业委员会主任
朱联璧	复旦大学历史学系副教授	

1. 伦敦议会大厦恐袭是否会令 "脱欧"谈判雪上加霜?

当地时间 3 月 22 日下午,英国议会大厦外发生一起袭击事件。来自伦敦警方的消息称,这一事件已造成 4 人死亡,死者包括一名在议会大厦外执勤的警察。

至少 20 人在这一事件中受伤,伤者包括 3 名警察。伦敦警察局已经将这起事件定性为"恐怖袭击"。

此次恐袭究竟是何人发起,为何在安全和情报方面较为出色的英国会"中枪"? 而正当英国即将启动脱欧程序的节骨眼上,这次恐袭又会带来何种影响?

专家简介(以姓氏拼音顺序排名):

简军波:复旦大学国际问题研究院中欧关系研究中心副主任、副教授

李冠杰:上海外国语大学英国研究中心助理研究员

忻华:上海外国语大学欧盟研究中心专职研究员,上海欧洲学会学术研究部主任

杨海峰:上海欧洲学会副秘书长

忻华:恐怖袭击者的背景与动机尚不清楚,但英美已有几家媒体将其界定为"独狼"式的袭击,如此看来,这次恐怖袭击很可能是袭击者为了纪念 2016 年比利时恐怖袭击一周年,以及呼应前几天法国恐袭而采取的"独狼"行动,同时也有可能是发泄对美国"禁穆令"和英美最近对来自中东、南亚国家旅客的电子设备随身携带禁令的不满。

李冠杰:这次恐袭的袭击者的背景还不清楚,英国政府立刻将其定性为恐怖主义是没有问题的。但是是哪个方面的恐怖主义还不清楚,需要进一步的消息。

简军波:袭击者选在特雷莎·梅政府预定于3月底启动脱欧程序前夕发动恐袭,无疑增强了英国政府在控制边界和处理移民问题上的决心,同时也增加了伦敦与布鲁塞尔双方即将开展的谈判的困难,使欧洲秩序陷入更加混乱的境地。另外,如果恐袭者是穆斯林的话,不管他是"独狼"还是接受了"伊斯兰国"的指令,肯定都是该组织的同情者,在"伊斯兰国"组织正处下风的当口,搞这样一次袭击是为了保存该恐怖组织的实力,把焦点转移到欧洲本土来;再者,也是为了让欧洲民众厌恶和恐惧穆斯林人口,持续增加西方与中东和北非伊斯兰世界的紧张关系,并引发欧洲本土穆斯林人口对西方世界的反感和日益的不认同,反过来增加伊斯兰世界反西方势力扩张的动力。在法国大选选情正酣之际,恐怕也会给法国大选的右翼民粹增添支持度,助推极右翼候选人勒庞,推高法国与宗教极端主义势力之间的敌视程度,以及推动法国本土穆斯林对"伊斯兰国"的同情和支持。

忻华:这一事件发生后,英国脱欧和加强入境控制的决心很可能更加坚定,当前如火如荼的法国大选也有了新的猛料。

杨海峰:在难民、移民问题上,收紧难民和移民是大趋势,安全状况会逐渐转好。德法等主流政治力量采取有效措施,适当收紧难民和移民政策,这也是回击法国极右政党"国民阵线"的一种方法。

如果从危机管理互动的角度看3月22日英国议会大厦外袭击事件的话,特别是如果该事件被定性为与"伊斯兰国"组织有关的恐怖袭击的话,那么显然开启了英国政府进行危机管理,以及英国与欧盟进行危机管理互动的机会窗口。这个机会之窗既可以给以后的各种政治议程造成负面的影响,也可以提供积极的条件。

就英国脱欧来说,特雷莎·梅在提出英国脱欧方案时,曾自豪地说:"当我们一同面对来自敌人的威胁时,英国独特的情报工作将继续守护欧洲人民的安全,远离恐怖主义。"现在的情况是否表示,即使在其长项和优势领域,英国其实也很需要来自欧盟的合作和帮助呢?

　　特雷莎·梅在脱欧方案中也提到了,"随着针对我们共同安全的威胁愈演愈烈,我们彼此之间的合作不能变少,而是应该更加团结"。此次危机管理机会之窗提供的一条路径就是,英国已经走在脱欧的道路之上,但英欧双方看来确有必要在脱欧谈判时心存一些善念和诚意,努力构建一种于双方都长期有利的脱欧后关系。不过究竟作出何种选择,还要看英国内部以及英欧之间互动的情况。

　　(本文发表于 2017 年 3 月 23 日)

2. 和欧盟"离婚"后，英国能在别处找到幸福吗？

当地时间 3 月 28 日晚，英国首相特雷莎·梅（Theresa May）签署启动脱欧程序的信函，这封信在 29 日 12 时 30 分（北京时间 19 时 30 分）由英国驻欧盟大使蒂姆·巴罗（Tim Barrow）递交欧洲理事会主席图斯克（Donald Tusk），这将触发"里斯本 50 条"，意味着脱欧程序正式启动。

自去年 6 月英国举行脱欧公投以来，近一年的喧嚣扰攘终于暂归宁定，英国"脱欧号列车"终于鸣笛启程，接下来是英国与欧盟之间为期两年的谈判。英国和欧盟最终能否达成一致的立场？外与欧盟谈判，内要面对苏格兰再次独立公投的诉求，特雷莎·梅政府能否应付将要面临的种种问题？脱欧后的英国又将向何处去？

专家简介（以姓氏拼音顺序排名）：
简军波：复旦大学国际问题研究院中欧关系研究中心副主任、副教授
李冠杰：上海外国语大学英国研究中心助理研究员
忻华：上海外国语大学欧盟研究中心专职研究员，上海欧洲学会学术研究部主任
杨海峰：上海欧洲学会副秘书长

英国社会会因脱欧而撕裂吗？

2016 年 6 月的脱欧公投中，脱欧派仅以 52%比 48%的微弱优势胜出，很多人现在已经后悔当初投票赞成脱欧。从去年的美国大选到最

近的韩国弹劾朴槿惠，我们见证了社会因不同政见而撕裂。在即将开始的脱欧谈判的过程中，英国社会是否也面临撕裂的风险？

李冠杰：整个英国社会现在很乱，北边的北爱尔兰和苏格兰是一派，一定要加入欧盟；英格兰是脱欧主要推手，威尔士铁了心跟着英格兰。四个民族，就这样2比2对峙着。

简军波：苏格兰首席大臣妮古拉·斯特金（Nicola Sturgeon）已经表示谈判中必须顾及苏格兰的特殊利益，甚至要求中央政府在谈判前有一个保障苏格兰利益的协定，但已被特雷莎·梅否定。苏格兰会是争议的焦点；当然还有北爱尔兰问题，这不仅是利益问题，还牵扯到国际纠纷。

还有就是党争。工党倾向于留欧，它很关注谈判过程中是否维护了劳工集团的利益，而苏格兰民族党、自民党的利益诉求也都有不同侧重。

最后还有整个社会对这个问题的态度。脱欧、留欧两派在人数上相差不大，而且有不少人投了脱欧票之后也后悔了。如何照顾到占人口一半的留欧派的关切？

忻华：脱欧这一派利益诉求非常强烈，对现实已极度不满。脱欧派的话语权实质上未必比留欧派的大，但他们对于话语权，对于英国政治体制内部表达诉求的各种渠道和方式的掌控，可能比留欧派要更强烈、更直接、更有效。

英国脱欧在国内的困难，更需要关注国内不同产业部门和社会阶层构成的利益集团之间的冲突对立和抗衡，各方的斗争可能会加剧，会影响到议会层面的政治博弈。

简军波：脱欧派在整个政治话语中已经占主流，并且得到政府的背书，留欧派的声音反而被压制了下去。在脱欧问题上，英国已经做了很多准备，但还有许多问题有待解决。怎么把留欧派的利益诉求，包括他们对政府的期望放到脱欧谈判中，对梅政府将是个很大的考验。强调留欧派的立场会给欧盟一个谈判的筹码,同时也是对英国政府合法性的考验,它必须在脱欧派与留欧派两方关切中保持微妙的平衡。在地方利益分配方面,英欧谈判过程中肯定会涉及很严重的问题。

忻华:英国的民主制度是历史最久远的,相对更成熟一些,内部会有利益协调机制,应该不会有太大的撕裂。

杨海峰:特雷莎·梅本人也是反对脱欧的,但就任首相后带领整个政府在脱欧道路上的坚定性和执行力变得越来越强,整个英国社会也被带动起来往前走。

忻华:原来可能有一部分人对欧盟不是特别喜欢,但也没有特别抗拒。但当他们发现现状既然已经改变,那么也就铁了心地脱欧。在知识分子中,有些人原本从纯粹理想主义的角度,认为欧洲一体化会带来更美好的未来,但当他们看到由于一部分人在全球化和区域化中成为输家,从而导致民粹力量崛起后,对脱欧也有了一定的理解和同情。

脱欧引发的"家务事":
北爱尔兰可能比苏格兰更麻烦

当地时间3月28日下午,苏格兰地方议会表决通过了进行第二次独立全民公投的决议。英国首相特雷莎·梅方面曾多次表示,在宣布脱欧谈判的关键时刻,苏格兰的独立要求显得"不合时宜"。相比于苏格兰,北爱尔兰的问题可能更麻烦且危险。

李冠杰:相比于苏格兰,北爱尔兰的问题可能更严重。苏格兰只是要求独立公投,北爱尔兰是想和爱尔兰合并。经过今年大选后,北爱尔兰议会中亲爱尔兰的新芬党比亲英国的民主统一党多一个议席。民主统一党此前是北爱尔兰第一大党,一直在政府和议会中占主导地位,现在局面翻盘了。两派正在讨论如何组建政府,如果本周还未达成协议，那就又要进行大选。民主统一党肯定会输得更惨。如果议会、政府都由新芬党掌握，事情就麻烦了。新芬党横跨爱尔兰岛，大本营在爱尔兰，在爱尔兰议会中有众多席位，影响力很大，而且把爱尔兰岛统一作为政治目标，去年发表了一个重要文件，表示爱尔兰岛是时候统一了。苏格兰还只是英国国内的问题，北爱尔兰还有外国政府在干预。

爱尔兰采取的一个重要措施是，使全球的爱尔兰裔有权选举爱尔兰总统。这主要就是指北爱尔兰。如果北爱尔兰人能在英国国内投票选爱尔兰总统，这将意味着什么?

简军波：英国脱欧对爱尔兰影响会很大，爱尔兰、北爱尔兰与整个英国的经济是紧密联系在一起的，我看到一个报告，说如果脱欧，爱尔兰的国内生产总值(GDP)会有所下降，失业率会上升不少。因此爱尔兰在英国和欧盟谈判时可能会成为一个不稳定因素。

李冠杰：如果新芬党未来掌握北爱尔兰政权，可能先在北爱尔兰征求民意，是否进行和爱尔兰统一的公投?如果支持率过半就可以形成议案提交英国中央政府。英国政府若否决这个议案，就会惹来质疑，因为这个议案有民意基础，而且苏格兰既然可以公投，北爱尔兰为什么不能?

简军波：从法律的角度讲，英国政府有权不让北爱尔兰搞公投，但从合法性的角度讲可能难以否决。但是如果是爱尔兰提出要搞统一公投，要和北爱尔兰统一，英国政府是无法阻止的，那就很麻烦了，不过这个可能性比较小。

忻华：英国现在既然铁了心脱欧，特雷莎·梅政府在准备脱欧谈判时肯定会考虑到这个问题，应该有相应的制约和制衡措施，以及反向争取民意、制造舆论的手段来应对国内不同民族地区的分离倾向，具体办法可能要等到新芬党提出强烈要求时才会拿出来。

前路坎坷：特雷莎·梅政府有办法克服困难吗？

FT中文网的一篇文章将特雷莎·梅正式启动脱欧谈判称作"正在开启一段危险的旅程"，如果方法不当，脱欧谈判可能导致灾难性后果。

杨海峰：我们现在是不是有一个初步的共识，特雷莎·梅政府是否有足够的能力应对脱欧过程中的困难，会不会遇到他们无法逾越的障碍？

李冠杰：我个人对特雷莎·梅的信心不足，她的能力不及卡梅伦。虽然有调查说特雷莎·梅的智商高于卡梅伦，但在处理问题时，卡梅伦善于打感情牌来说服反对的一方，然后慢慢达到他想要的结论。而特雷莎·梅是一定要先把论断做出来，这样往往会惹起一片反对声，然后她还是要慢慢协商。她的结论可能是正确的，或者80％正确，但是她先把结论说出来，事后就要应对很多麻烦，是要"灭火"的。如果脱欧谈判中遇到推进不下去的障碍，特雷莎·梅政府甚至随时可能垮掉。

忻华：现在看不到特雷莎·梅政府马上垮台的迹象，应该还会维持一段时间，特雷莎·梅在应对脱欧谈判方面还是做了一些准备的，应该也能谈出一定的结果。卡梅伦有时也不太靠谱，他启动脱欧公投就错估了国内的形势，可能和他出身优越有关，对草根的需求并不是很理解。

简军波：关于脱欧的前景，用一个词概括就是 uncertainty。强硬是特雷莎·梅首相的个人风格，有它的好处，在谈判中她可以义无反顾地推进脱欧，立场不会因欧盟的诱惑而摇摆，使英国处于不利地位。但强硬也有坏处，就像李冠杰说的，搞得不好就找不到退路。不管怎样，能否搞得好取决于跟欧盟的谈判怎么样，以及在谈判中怎样维护国内各方的利益。

如果两年内谈不妥"脱欧",接下去怎么办?

在正式启动脱欧谈判后,英国与欧盟只有两年时间协商脱欧条款以及决定未来关系的规划。有观点认为两年时间完成这些事情几乎不可能,而且谈判时间还会因欧洲国家大选的影响而被压缩。如果两年内无法谈妥"脱欧",接下去会如何?

简军波:我觉得这是边谈边看的问题,两个月以后会如何英欧双方大概都没想好。因为不知道双方会开什么价出来。现在英国要"硬脱欧",从英国的角度来看跟欧洲肯定有关系,如果按照世界贸易组织(WTO)成员国的身份跟欧盟交流,我觉得这个目标对英国来说比较低。

忻华:我觉得双方的立场已经很清楚,技术性问题是在谈的过程中具体处理的,也就是说双方彼此接受对方的立场,先谈总体的原则性问题,两年之内应该可以谈完,细节方面如果努力一下应该也可以处理完。

简军波:从理论上讲的确如此,但实际上立场的统一是很难的事情。英国跟欧盟之间的立场分歧太明显。欧盟内部也有分歧,在不允许英国"挑肥拣瘦",既占好处又不承担责任这一点上,欧盟各国的立场是一致的。但是在其他一些具体问题上,中东欧国家、北欧国家、南欧国家,包括爱尔兰,它们的立场都不同。比如,德国跟法国立场就有点不一样,法国跟南欧国家的立场相近:要脱就全脱;而德国跟英国的经贸关系不一般,在英国保留部分共同市场身份上可能会稍微有让步;中东欧国家则可能更愿意向英国做更多的让步。

杨海峰:西班牙等南欧国家对英国离开欧盟抱着乐见其成的态度。长期以来,它们对英国在欧盟的作用是心存不满的。中东欧国家大体上也和南欧国家站在一起。中东欧国家能从欧盟的结构基金、融合基

9

金得到很多资金,只要脱欧谈判不影响它们的这块奶酪,一切都好说,否则它们也会和英国对着干。

忻华:欧盟的立场比较清楚,只要英国不同意欧盟在人员流动、移民、人权这些问题上的准则,就不会给予英国其他相应的经济利益。英国一方也很明确,宁可不要欧盟的市场,也不要欧盟的人进来。特雷莎·梅在谈话中已很强硬地表示,要用全球性的英国代替欧盟的英国。与欧盟市场相比,她要全球的市场,要以新的全球主义代替过去在欧盟之内与欧盟直接联系的区域主义。在基本原则确立后,主要立场不会有太大变化。其他一些细节,比如怎样从英国法律中移除欧盟的法律,这方面可能会有讨价还价的余地。除此之外,没有特别多的可以预期发生变化的地方。

简军波:如果这样,他们还有必要谈什么?

忻华:双方还有许多技术性的细节需要沟通:法律体系的脱离、机构的脱离。两边关系脱离后,对贸易和双边关系的安排。

简军波:立场虽然清楚了,但是谈判过程会非常艰难,最后是要达成一个共同的立场,双方原来的立场都会有所变化的,达成协议很困难。

"离婚"后,英国如何与欧盟以及世界相处?

在脱欧已成定局之后,特雷莎·梅所说的全球性的英国,对于美国以及以中国为代表的新兴经济体意味着什么?

忻华:"硬脱欧"让英国整个对外经济政策越来越灵活,跳出欧盟区域主义之后,会以更多热情拥抱世界,会用更灵活的政策来跟新兴经济体和美国进行更多的接触,吸收对方的资源。摆脱欧盟之后,在双边投资、自由贸易谈判上英国可能得到更多资源,用自己的全球主义代替欧盟的区域主义,在它看来是值得的。对于英国产业发展来说,外来的投资和信息让英国的经济增长有了新的动力,因为欧盟的体量虽然很大,但是新兴经济体更有活力,美国的经济体量也很大,所以要不要欧洲共同市场对英国来说也就无所谓了。

但是失去欧盟市场对于英国的金融等产业部门是不小的损失。从外交和文化角度来看,脱欧后英国在欧洲的位置会被边缘化。但是在英国看来,得大于失,英国觉得欧洲老了,美国和亚太是更值得关注的。

李冠杰: 我同意忻老师的观点,脱欧后英国可以征收关税,这方面的主权是得到了。外交上也更加灵活,和中国谈判就不用管欧盟那一套了。"失去的都是锁链。"如果失去整个欧洲市场,那么英国的东西卖到哪里去,跟谁能做贸易? 中国、美国,会是英国重要的考虑方面。

简军波: 现在特朗普提出"美国优先"的口号,《跨大西洋贸易与投资伙伴协定》(TTIP)前景渺茫。估计英国也会寻找更多的伙伴。脱欧后英国再来跟欧盟签协定,会有困难。

忻华: 脱欧之后,英国再和欧盟签协定,可能按照普通欧盟对外经济谈判的原则,与 TTIP 以及欧盟和中国的双边投资协定谈判比较相似,欧盟完全从维护自己利益的角度,想办法从英国方面获得好处。脱欧后再谈双边自由贸易,难度不一定很大。因为如果在脱欧谈判时把基本的权利义务关系搞清楚了,在此基础上再谈,某种程度上会比 TTIP 谈判,或者与中国和欧盟的谈判更容易一点。

(本文发表于 2017 年 3 月 30 日)

3. 总统大位属谁似已无悬念，
但法国会重焕活力吗？

如此前多方预测的那样，在 4 月 23 日举行的法国总统大选的第一轮投票中，"非左非右"的"前进"运动候选人埃马纽埃尔·马克龙和极右翼政党"国民阵线"候选人玛丽娜·勒庞得票领先，将进入 5 月 7 日的法国总统选举第二轮投票。法国内政部 4 月 23 日晚发布的初步统计数据显示，马克龙获得 23.7% 的有效选票，勒庞获得 21.7% 的有效选票。

虽然对于勒庞最终当选法国总统，各方观点并不看好，但马克龙又是否能带领法国走出当前的困境呢？澎湃新闻"外交学人"与上海欧洲学会"欧洲观察室"合作，邀请京沪两地，以及在巴黎观察法国大选的专家分享他们的观点。

专家简介（以姓氏拼音顺序排名）：
宋卿：上海国际问题研究院助理研究员
王朔：中国现代国际关系研究院欧洲研究所副所长
薛晟：上海外国语大学法语系讲师

王朔：半夜醒来看到马、勒对决，大选结果落定，总算心里踏实了。那就说几句自己的感受。

其一，当前民粹主义在法国乃至欧洲上升是不争的事实，但由于欧陆国家与英美政治文化的不同，它们的民众对政府和国家元首的信任度和期望更高，很多更愿意从体制内改变，即改良，而非反建制。马克龙在第一轮投票中得票第一就能说明问题，他是社会党出身，但走中间路线。因此，欧洲大陆发生"黑天鹅事件"的概率较低，奥地利总统大选、荷兰议会选举，以及这次法国大选的第一轮投票都说明了这一点，当然也包括未来的德国选举。

其二，大选是法国所有问题矛盾的一次集中反映。经济不好，社会问题就一定会多，民众失业就会对政府、现状、移民不满，老问题如族群对立、阶层对立甚至宗教冲突就会被激化，最后的结果是整个社会撕裂、紧张，且最后一定会反映到政治层面，也就是投票上。其实法国民众对这次的候选人都不够满意，马克龙、菲永、勒庞和梅朗雄四强争霸的局面能够出现就是第五共和国的奇迹。而且法国大选这次的"第一"太多了，最突出的是候选人一个个选前就官司缠身，而且揭老底也从来没有这么狠。

其三，无论谁上台，法国的问题都很难解决。法国之所以陷入疲弱症的状态，有金融危机带来的外因，但自己结构上的桎梏是内因，也是主因。问题是大家都知道法国的问题，药方其实也都知道，但就是执行不下去，换一个总统恐怕也一样，况且马克龙即使最终当选，在议会里也注定是弱势总统。

其四，这次法国的民粹力量不会上台，不代表以后不会。如果法国不真正有所改变，那么下次恐怕真要选个民粹主义的总统出来了。因此法国的政治和社会风险并不会因为此次大选结果的落定而结束，反而是刚刚拉开帷幕。至少马克龙这位金融精英和政治"鲜肉"，行事风格如此独特，谁能知道他那哲学家的脑袋里在想些什么？法国的热闹应该还很多，不过这也更像法国。

宋卿：谈几点想法：一、选举结果情理之中，基本反映民调情况，出入不大。说明法国民调的科学性经得起推敲，另外也说明法国选民敢于真实表达自身立场。法国大选相较美国大选，稳定性更强。

二、勒庞的得票率仅差马克龙不到两个百分点，很接近，说明勒庞除了维持本身铁杆支持者之外，还吸引了其他拥护者，法国极右翼势力基本盘稳固。而梅朗雄和菲永并列第三，其国际主义理念在短时间内为其赢得足够多的支持率，一方面得益于电视辩论，另一方面反映出法国经济疲软、失业率高企，法国底层人士渴望寻求组织抱团取暖的客观现实和社会诉求。勒庞和梅朗雄的高支持率反映出法国民粹主义土壤肥沃。

三、弃票率为 23％，低于 2002 年的 28.4％，却高于 2007 年的 16.22％、2012 年的 20.53％。这两次高弃票率分别将极右翼阵线送进第二轮。第一轮投票是投内心的真实声音，第二轮是反向投票（因为讨厌 A 所以投 B）。首轮高弃票率说明选民犹豫不定，没有一个中意的。说明如今法国存在信任危机，选民对候选人产生怀疑。

薛晟：一、悬念基本没有了，马克龙当选似乎是肯定的事情。毕竟，现在来看，号召投票给马克龙的政客有：菲永、阿蒙、瓦尔斯、朱佩，又将出现共同围剿国民阵线的状态。然而，国民阵线的再次飞跃已经是不可避免的了。根据民调公司预测，国民阵线将在第二轮拿到 38％ 的选票，这个结果，相较 2002 年老勒庞参选总统那次来说，几乎是翻了一番。

二、马克龙的团队接下来要着眼的不只是总统大选，更重要的是如何在议会选举中获得更多席位。议会选举对马克龙来说很难，因为梅朗雄不可能与他合作，菲永在竞选后的演讲中也直指议会选举。社会党内，除了较为靠左的阿蒙这一派之外，能拉的票也已经可以都拉到了。因此，如何在短短两个月时间内，在议会选举中尽可能多拿席位，如何与社会党和共和党这两个传统的、可以说是建制派的政党搞好关系，是马克龙所要关心的。

三、菲永的失败，很大程度上受到了空饷门的影响。但是，菲永在第一轮选举之后的演讲中，我们也可以看到，对于议会选举，他还是有所期盼的，因此总统竞选失败并不意味着共和党的失败，只能说是菲永自己的失败。共和党必然会在议会选举中寻求有所作为，还将面临如何将菲永、萨科齐、朱佩这三股势力融合在一起的问题。

四、梅朗雄可以说是因为电视辩论而崛起的，极左在法国并不会有太多市场，这次可以说是一个意外，并没有太多参考价值。在采访一些投给梅朗雄的选民时，他们都表示在阿蒙和梅朗雄之间有过犹豫。因此，梅朗雄也面临着怎么在议会拿到更多席位，以便自己的政党能在政府中发出更多的声音的问题。

五、我觉得法国在未来五年会进入一种共治阶段。但是我并不认为这样的共治会给法国带来活力。相反,我觉得法国将再次进入碌碌无为的五年。同时,对于一些问题,我认为马克龙一旦无法获得政府的支持,可能会采取全民公决的方式来避开政府。有人表示法国人将自己未来的五年交到了一个孩子的手里,从中我们也看得到,法国人对于马克龙并不是完全有信心的。

六、马克龙的选纲中提到的有多少能兑现,不得而知。然而,有些政策还需要细化和考量,个人认为,马克龙可能会刷新历史上总统无法兑现自己在竞选时的承诺的数量纪录。

七、法国现在缺失的是权威和对政府的信任度,这两点也不是马克龙能轻易做到的,因此,他面对的将是一个糟糕的局面,能否有所作为,还有 5 年的时间让我们见证。

(本文发表于 2017 年 4 月 24 日)

4. 法国大选颠覆非左即右政治生态，前景在未定之天

法国前经济部长、"前进"运动候选人埃马纽埃尔·马克龙（Emmanuel Macron）在 5 月 7 日的法国总统选举第二轮投票中当选为新一任法国总统。年仅 39 岁的马克龙将是法兰西第五共和国近 60 年历史上最年轻的总统，也将是该国历史上首位来自两大传统党派之外的总统。

目前，包括中国国家主席习近平、美国总统特朗普、欧盟委员会主席容克、德国总理默克尔、英国首相特雷莎·梅在内的多个国家和地区的领导人已向马克龙的胜选表示祝贺。

根据法新社 5 月 7 日报道，在欧盟主题曲《欢乐颂》的伴奏下，马克龙在胜选演说上号召法国人民团结一致，并表示自己不会向恐惧屈服，他同时向数以百万计投票给极右派对手勒庞（Marine Le Pen）的民众喊话，誓言自己将用未来 5 年的时间尽最大努力让选民没有理由再给极右和极左投票。

然而，欧洲本地新闻网（The Local）在 8 日的报道中罗列了未来马克龙执政的六大挑战，分别为：国家的团结、政党的支持、政客的信任、公民失业率、恐怖袭击以及欧盟改革。

澎湃新闻"外交学人"与上海欧洲学会"欧洲观察室"合作，邀请关注法国大选的各方专家，以及在法国工作生活的法籍华人分享他们对大选结果的观点，并对马克龙治下的法国未来进行评估。

嘉宾简介（以姓氏拼音顺序排名）：

丁纯：中国欧洲学会副会长，复旦大学欧洲问题研究中心主任，让·莫内讲席教授

宋卿：上海国际问题研究院助理研究员

肖云上：上海外国语大学法语系前系主任、教授

薛晟：上海外国语大学法语系讲师

杨海峰：上海欧洲学会副秘书长

尤斐：法籍华人，金融行业工作者

丁纯：现在摆在马克龙面前最大的问题是议会大选，也是最明确的考验，毕竟法国是半总统制。马克龙这次可以说是"集万千宠爱于一身"，我已经收到多位法国学者来信表达他们的喜悦与兴奋。但当前仍然存在很大的不确定因素，马克龙并没有完全的政党在背后支持，又相对年轻，他在多大程度上能够平衡法国政治各方，收拢队伍，甚至在一定程度上把极右的勒庞以及极左的梅朗雄的拥趸召集过来，也决定了他未来5年能否顺利地推进改革措施。法国选民此次对马克龙的支持使得法国传统意义上中左、中右的政党必须考虑重新定位的问题，如何在马克龙的领导下更好地生存。

对于马克龙和法国来说，理想和现实之间有很大差距，上台之后的马克龙会逐渐发现摆在他面前的问题之多。他原来承诺的一系列譬如支持全球化、支持欧盟的"政纲"如何变成拥有可操作性的具体"政策"进而落实，还有待观察。马克龙当前的政纲包含了右派特征的经济政策和左派特征的社会政策，在执行上难度颇高，尤其如果他未来无法在议会选举中获得稳定多数，难度又会进一步提高，陷入改革的泥沼。我认为马克龙上台之初将侧重于国内政治，短期内他需要证明自己的执行力与执政能力，将超越左右之"势"变成实际存在之"实"。

肖云上：马克龙这次赢得很漂亮，但勒庞获得的选票也超过900万，投票给她的选民总量在增长，可见在第一轮投票中投给菲永和梅朗雄的选票有相当部分在第二轮转移到了勒庞这边。另外，这轮投票中的白票和无效票数量与2012年相比增加了一倍，达到350多万张。第二轮投票的弃权率创下自1969年以来法国总统选举第二轮投票弃权率的第二高峰，达到24.47%。这说明法国民众的不满情绪大大增加，梅朗雄的号召起到了作用，当选总统的权威性受到了挑战。这种不满

的情绪会在 6 月的立法选举中表现出来。

法国电视二台紧接着邀请了各政党的代表做了现场直播,各政党代表都瞄准了立法选举。支持马克龙的中间派弗朗索瓦·贝鲁(François Bayrou)认为马克龙当选会带来"总统效应",有可能使中间派成为立法选举中的多数派。但他的观点马上遭到了反驳,共和党代表明确说这是不可能的,共和党正全力准备立法选举,希望在议会形成多数派,以抗衡马克龙。而支持马克龙的社会党认为这次选举很成功,打乱了传统的左右对抗的政治风险,出现了新的政治格局,法国也会出现新的变化。

法国四大派政治力量的支持率都在 20% 左右,都认为自己有可能在立法选举中获得多数。其中不可调和的是极左的"不屈的法国"的梅朗雄和极右派"国民阵线"的勒庞,再有就是共和党和马克龙的"前进"运动。"前进"运动缺乏坚实的政党基础和基层人选,它能否在议会中获得一席之地,要看马克龙的智慧,能否异军突起,找出新的方向。7 日晚 10 点,马克龙在卢浮宫前的讲话中指出,他要建立一个变革的多数派,希望民众在立法选举中为他能够建立多数派予以支持。2017年的法国大选有可能开启一个新的共和国的历史,彻底颠覆第五共和国传统的左右两极对立。至于这个历史如何写法,要看立法选举,可能使法国走得更好,也可能走得更糟糕。如果立法选举产生不了多数派,各派力量相差无几的话,这样一个联合政府会是一个不稳定的政府。总统大选是结束了,但法国大选的第二季才刚开始,等到 6 月立法选举的结果出炉,一切才算尘埃落定。

尤斐:如果是在一年前来预测法国大选的结果,那么现在的结果是很出乎意料的,这次的选举意料之外的事情实在太多。本来共和党的朱佩(Alain Juppé)是这几年热门的候选人,结果他在党内选举中出人意料地败给了菲永(François Fillon),继之成为大热门的菲永又被"空饷门"缠上,最终无缘第二轮投票。

在马克龙和勒庞进入第二轮的情况下,马克龙当选也许是法国最好的选择。我这次把票投给了马克龙。不投极右,投他们的对立票是我的底线。如果是梅朗雄和勒庞进入第二轮,为了阻击极右的勒庞上位,尽管不是那么愿意,我也会投给极左的梅朗雄。

进入政坛不是很久的马克龙一年前创建了自己的组织,当时很多人嘲笑他提出的非左非右的主张,嘲笑这位不安分的年轻人。我当时就觉得这位年轻人不一般,一直关注这个组织的成长,一年后马克龙成为法国新当选总统,法国政坛最不可思议的故事发生了,未来五年属于这位年轻的总统,希望他能把握好!

法国华人对 2017 年大选的参与度很高。主要原因还是因为前几年法国华人深感自身安全缺乏保障而举行了几次游行,也因此有了自己的组织,渐渐知道参加选举的重要性。2016 年 11 月,我在一些华人竞选的群里就感受到很强的投票意愿了。这次大选的选民资格注册截止日期是 2016 年 12 月底,2017 年 4 月发生的刘少尧事件和法国华人参与选举之间没有特别的关系。事件发生后马克龙慰问了刘先生的家属,应该是争取到了一些华人中立选民的支持,不过支持菲永的华人并不买他的账。

这次法国华人投票虽然踊跃,但选票很分散,很多人对法国政坛也不是特别了解,所以发挥的影响有限。

薛晟:一、马克龙的胜出可以说是在已经成为一潭死水的法国政坛扔下了一颗炸弹,打破了第五共和国以来左右轮流执政的惯例。在之后的立法选举中,马克龙所在的政党会如何表现,值得期待,也会是一出好戏。

二、勒庞的失败在意料之中。但是仍然可以说是一种胜利。相较她的父亲老勒庞,她获得的选票数量已经翻番。这是在特定时间下出现的结果,也是整个欧洲,或者说整个世界民粹主义势力发展的体现。这种趋势在今后还会继续。勒庞也意识到了这一点,在竞选失败的演讲中,她也提出:"国民阵线将是新总统的第一反对势力。"

三、接下来谁会成为马克龙的第一位总理,值得期待,也将看出马克龙到底是左还是右。第一届政府吸引了很多人的目光,也将体现马克龙的智慧。媒体提了很多人选,这里不作猜测。

四、左右两派传统政党都面临着分裂的状态,社会党是沉沦还是再次崛起?共和党是萨科齐再次复出还是进入群龙无首的状态?不得而知。但是短期之内,社会党要崛起是很困难甚至基本不可能的。共和党内如何处理三位大佬之间的矛盾,从而能够在立法选举中有所作为将是其能否继续在法国政坛上发出自己声音的关键。

五、极左的梅朗雄不会就此罢休,随着总统大选的结束,梅朗雄的支持者很有可能走上街头进行抗议,并且在接下来的立法选举中试图有所作为。在大选第一轮已经获得这样成绩的情况下,梅朗雄将会成为马克龙不可忽视的一股反对力量,但是马克龙会如何处理与极左势力在某些理念上的不同,这是让人期待的。

六、极右势力很有可能继续增长,在法国没有解决现在经济增长缓慢,失业率居高不下及难民涌入的问题的情况下,民粹主义势力将会继续增长,在立法选举中,很有可能再次出现极右的飞跃。但是要形成极右的多数派,几乎是不可能的。另一点就是对于勒庞在电视辩论中的表现,在国民阵线党内也出现了不满意的声音,因此,对于勒庞来说,避免党内分裂也将是一个问题。

七、在很多问题上,马克龙和工会有分歧,因此接下来5年即使马克龙能得到政府的支持,在街头的反对声还是会很大。因为妥协,之前的很多改革已经不再是最初的预期了,马克龙能否避免这种情况?对此我持消极态度。此外经济增长和就业率将是他首先要解决的问题。这并非一朝一夕能解决得了的,而法国人有多大的耐心也会直接关系马克龙的民众支持率。套用《基督山伯爵》最后的那句话吧:法国的未来,对于我们以及所有人来说,都包含在两个词里:等待和希望!

杨海峰:一、马克龙当选法国总统并不代表勒庞的极右力量以及与勒庞类似的这种极端势力的式微,但至少证明是有办法挫败他们的。与极端势力的斗争是长期的,需要采取的正确态度,可能还是"战略上藐视,战术上重视"。

二、接下来的法国立法选举是真正的试金石。马克龙在第一轮总统大选中胜出带有偶然性,其在第二轮选举中胜出当选总选并不能否定这种偶然性,只有在立法选举中获胜才能证明马克龙及其政治力量是获得大多法国人认可的,证明法国人愿意给予马克龙及其政治力量一次机会来带领法国进行改革与发展,证明马克龙及其政治力量代表了法国政治发展甚至更广范围内政治发展的一种未来。

三、即使马克龙及其政治力量能在立法选举中取得胜利,但从中长期来看,其执政之路应该不会平坦,不管是法国,还是欧盟或者其他国家,都应该有这种思想准备。

四、不管马克龙今后执政是否顺利,其最终当选法国新一任总统对于现在的欧洲一体化是一个好消息,当前的欧盟及其相当一部分成员国可能也会成为马克龙今后执政的一股助力。马克龙先前对英国脱欧及其谈判的态度与欧盟现在的态度十分接近,双方可以相互支持。但是,过去5年,德国的经济增长速度是法国的两倍,从这一点说,法国想改变当前法德在欧洲一体化中的地位差距需要很大的努力。当然,南部欧盟国家是法国可以借助的一支力量。

宋卿:一、马克龙的获胜暂时阻止了民粹主义浪潮的冲击,没有成为特朗普、英国脱欧后的第三张多米诺骨牌。但是他只走完五十步,之后的议会选举是更大的挑战。从传统的"左右共治"向"另类共治"(中右共治或左中右共治)过渡,这在第五共和国的历史上从未出现过,执政效果如何只能拭目以待,这必定需要马克龙的政治智慧和游说技巧。鉴于马克龙力求组建"变革的多数党",他必定会谋求吸收社会党及共和党的党员。共和党目标直指议会多数党,因此凝聚力更强,反观社会党却有可能落得分崩离析的下场。

二、投票率方面,弃票和白票率较2002年增加一倍。传统上,法国大选第二轮采取的是"排除法",即排除更加讨厌的候选人。在如此情况下还呈现出如此高的弃票和白票,一方面反映出其主体人群对马克龙的不满,日后对其执政而言会形成一股强大的社会抵制力量;另一方面反映出法国社会负面情绪严重不容忽视。这种抵触情绪体现在选到最后人们别无选择只能接受一个毫无政治经验的"毛头小子",选民诉求的"被忽视"和"被边缘化"势必在未来导致"破罐子破摔"的行为模式,这股暗流涌动必定会在未来某个时间点爆发出来。

三、勒庞虽然败北,但单单从得票率这一项指标可看出,同老勒庞时代相比已是进步,遑论欧洲的民粹主义势力仍处于强势上升的态势。国民阵线在可预见的未来仍旧是欧洲民粹主义的排头兵,对于马克龙的执政而言仍是一个监督者和批判者的角色。

　　四、各主要政党都经历内部分裂。共和党方面因为菲永空饷门事件发酵显现出明显的派系之争,社会党内部的左右分野日益扩大,分别向梅朗雄和马克龙分流,而国民阵线内部,老勒庞、玛丽娜·勒庞、玛丽昂·勒庞三者矛盾分歧始终存在,凝聚力缺失。因此,马克龙的"前进"运动(或"前进党")如何利用这种局面为自己谋得最大化的利益,值得关注。

　　(本文发表于 2017 年 5 月 8 日)

5. 北约峰会开了，特朗普要来，美欧关系会有新变数吗？

北约峰会将于 2017 年 5 月 25 日在布鲁塞尔召开，在当选前后都曾表示北约"已经过时"的美国总统特朗普将出席此次峰会。虽然特朗普仍在坚持北约成员国要把防务开支提高到国内生产总值（GDP）的 2％，但他毕竟已改变了对北约的看法，此前曾在多个场合表示北约并未过时，且是"国际和平与稳定的支柱"。然而欧洲的领导者对这位有着孤立主义倾向的美国总统仍充满疑虑。《外交政策》23 日的一篇文章指出，特朗普应该抓住这次访欧的机会，重塑他对跨大西洋防务和安全的主张。在此次峰会后，北约的未来将走向何方？自特朗普上台以来波折不断的美欧关系又会迎来怎样的变数？

专家简介（以姓氏拼音顺序排名）：
戴轶尘：上海社会科学院国际问题研究所助理研究员
方晓：上海国际问题研究院欧洲研究中心助理研究员
忻华：上海外国语大学欧盟研究中心专职研究员，上海欧洲学会学术研究部主任
叶江：上海国际问题研究院研究员，上海欧洲学会副会长
张茗：上海社会科学院国际问题研究所副研究员

忻华：欧盟和美国是世界上最大的两个经济体，从战略上说，跨大西洋安全关系也影响着整个全球格局。自从英国脱欧和特朗普上台以来，美欧关系的不平衡性愈加凸显，彼此裂痕加深，出现疏远的迹象。3 月中旬默克尔访问华盛顿，虽然稳定了美欧关系的既有结构，但也反映出美欧双边的深刻分歧。当前美欧关系的不平衡态势还在进一步发

展,双边关系的基础仍在削弱。

从安全领域看,美国对于以北约为核心的跨大西洋安全同盟的态度,从过去几乎无条件的支持和维护,变为有条件和有保留的认可与支持,这意味着欧洲在美国全球安全战略体系中的位置还在下跌,也必然在欧盟最高决策层的心中投下巨大的阴影。2017年3月公布的美国联邦政府预算增加了540亿美元的国防开支。特朗普政府一方面以大手笔增加军费,另一方面却又严厉地提醒北约成员国欠的钱必须还,这表明欧洲在美国未来的全球安全战略体系中的位置显得更加不重要,特朗普打算增加的军费不会用在欧洲头上。

在经济领域,《跨大西洋贸易与投资伙伴协定》(TTIP)谈判自2016年下半年至今一直处于停摆的状态,特朗普政府力推的"美国优先"的贸易保护政策,使美欧双方经济关系的现有架构很难进一步自由化。2017年3月初美国贸易代表办公室推出的"美国总统2017年贸易政策议程",不点名地批评了欧盟,认为欧盟固执己见地坚持自己繁琐的技术标准和管制体系,不愿与美国的标准和管制规则进行整合,是实施"不公平贸易的做法"。未来美国与欧盟之间也很有可能会在农产品等领域的技术标准、环保标准和保护投资者的司法诉讼机制三方面发生冲突。

不加钱美国就要放弃北约?

张茗:美欧关系可以分三个层面来看:传统美欧双边国家关系层面、美国与欧盟关系层面,以及北约框架下的大西洋联盟层面。这三个层面是纠缠在一起的。我的判断是美欧关系整体上是一个摇晃的钟摆。虽然英国脱欧和特朗普上台对美欧关系产生了严重冲击,但还没到打破钟摆运动的程度,特朗普已经从其此前发表的看法上有所后退。

虽然美国老调重弹,不断敦促欧洲盟国兑现在2024年使防务开支达到国内生产总值2%的承诺。但单以防务支出来判断美欧之间的分歧实际上是找错了靶子,更大症结是近年来欧盟防务一体化进展缓慢。举例来说,欧洲现存178种不同武器系统,而美国只有30种。武器系统繁多不仅导致兼容性差，而且严重降低防务支出效率。

美国和欧洲的深厚防务关系不是特朗普可以动摇的。北约的欧洲盟国为美国提供了优越的前沿部署地理条件和不可替代的战略支持。整体判断，美欧关系这个"摇晃的钟摆"在安全层面还是在中间线左右徘徊。美国不仅频繁把 F-35 战机等先进武器部署在欧洲，美国欧洲司令部也在重新评估 2015 年 1 月推出的欧洲基地关闭计划，是否要按原计划关闭在德国、英国的 15 个军事基地存在变数。美欧虽然嘴仗不断，但防务合作没有停下来的迹象。在可预见的未来，美国不大可能像特朗普说的，或者像国防部长马蒂斯（James Mathis）、国务卿蒂勒森（Rex Tillerson）威胁的那样，如果北约的欧洲盟国不提高防务支出，美国就要降低对欧洲的安全承诺。

戴轶尘：美欧跨大西洋关系在三个层面受到的冲击不同，冲击最大的还是欧盟和美国层面的关系，比较突出的是是否坚守自由主义的价值观和贸易制度安排。在国家间关系和北约层面关系受到的冲击是有限的。虽然此前特朗普对北约有很多批评，使欧洲人担心他是否会放弃北约这一架构。但是从 4 月美国对叙利亚的军事打击来看，特朗普事先已经向英、德、法等主要欧洲国家进行了通报，事后这些国家对美国的行动也表示了理解和支持。可见美欧之间的盟友关系协调程度还是很牢固的。

2017 年 1 月，皮尤中心对美国国内做了一次民调，1 月到 3 月又和德国马歇尔基金会联合做了个民调，结果显示在安全威胁认知上，美欧之间共识比较高。不过民调结果对未来一年的美欧关系还是持比较悲观的态度，认为会有一个恶化的趋势，恶化最严重的是外交领域。

影响美欧安全防务合作的地缘因素

方晓：美欧在安全领域有三个看点，一是叙利亚。几年前奥朗德政府对奥巴马军事打击叙利亚政府的期待，却是在特朗普执政百日内实现的。特朗普虽然作为政治素人上台，但美国政治却未偏离世界主义—孤立主义交替的钟摆形态，特朗普在总统位置上也不断经历打破—重建—碰壁—回摆的道路,逐渐显现一个"正常"的美国总统姿态。奥巴马政府已经从小布什政府时期的对外扩张回归到美国国内,特朗普竞选及执政伊始更是打着旗帜鲜明的孤立主义,可终究逃不掉所谓价值观/道义舆论压力,做美国"该做的事"。二是伊朗。伊朗核协定被看作奥巴马政府政治遗产之一,也是欧洲的外交胜利。特朗普虽不能撕毁协定,但一上台就指责伊朗不遵守协定,回归到对抗伊朗的道路。三是乌克兰。在这一点上欧洲与特朗普政府的互动还有待观察,毕竟"通俄门"还在发酵,特朗普政府在这一地区动向并不明显。

戴轶尘:虽然特朗普对伊朗核协定放出种种狠话,但在实际行动上只是实施新一轮的制裁。毕竟伊朗核协定不是美、伊之间的双边协定,而是大国之间达成的共识和安全保证。如果美国将之推翻,等于彻底无视欧洲人的努力,破坏此前战略协调的默契,中、俄对此也不会坐视不理。美国这样做只会使其在国际上陷入孤立。未来美欧在解决欧洲周边的一些热点问题上有分歧,可能成为未来美欧关系裂痕扩大的一个因素,但对美欧关系造成的冲击有限。比如在乌克兰问题上,还是需要美俄两国谈判才能解决。欧洲人既担心美俄在这一问题上牺牲欧洲的利益,但又不得不依赖美国提供的安全保护,就欧洲安全做出新的安排。

总体上看,欧洲对特朗普不太信任,意识到美国的可靠性是在下降的。但是在安全和防务方面,欧洲国家的选择余地很小,只能继续依赖与美国的合作。特朗普上台后对北约的批评让欧洲国家担心美国能否维持对欧洲的安全承诺。所以现在欧洲内部进一步加强欧洲防务自主性的呼声很高。

欧洲防务为什么离不开美国?

方晓:欧洲在防务上依赖美国,确实与欧盟大国军费长年下滑有关。例如德国军费下滑 20 年,直到 2017 年才骤增至其国内生产总值的 1.2%。2016 年法国军费已经增资,占其国内生产总值的 1.8%,而北约的军费开支目标是占国内生产总值的 2%。欧洲独立防务体系口号喊了很多年，真正促进欧盟军费实质投入的是奥巴马政府时期开始的美国"内向"，以及同时激化的欧盟周边威胁。

忻华：在冷战时期，欧洲在美国的保护下，可以把大量资源用于经济、技术和地区一体化合作。这种舒服日子过惯了，要他们把资源从经济、社会福利领域挪走，用于武器开发，他们会很不适应。

方晓：我觉得美国或许也不希望欧盟防务独立，欧洲真的独立自主了，可能美国也会觉得它是一个威胁。

叶江：欧洲防务不能独立，倒不是因为美国不希望它独立，或者说是欧洲人舒服日子过惯了，只想搭便车。这其实牵扯到双方最根本的经济利益。美国与英国、美国与欧盟相互之间的投资究竟占多少？

张茗：美欧双边对外直接投资规模远远超过美国和欧盟的对华投资。至 2015 年，英国对美投资达 4 838 亿美元，美国对英国直接投资总额更是创纪录地高达 5 930 亿美元。

叶江：在美欧双方经济利益如此明显的情况下，美国怎么可能放弃欧洲。相互之间在经济上如此密切联系，在军事领域必然也要有非常紧密的联系。奥巴马政府时期就呼吁欧洲要在防务上承担更多的责任，特朗普在竞选时虽然说北约过时了，美国不需要它，但他只要一上台，北约仍然不会过时。美国对欧洲承担的义务是不会变的。

张茗：美欧之间的经济基础极其深厚。虽然特朗普上台使美欧关系在经济和安全领域遭受了很大的冲击，但远未到根本动摇的程度。如果不发生大的结构性力量调整，美欧还是"同一个世界"的两个版本，还是"同一个世界"的两个盟友。

特朗普在美欧经贸领域的新信号

忻华：美国和欧盟这两个世界上最大的经济体，彼此的经济联系也是最为密切的，你中有我，我中有你。《跨大西洋贸易与投资伙伴关系协定》(TTIP)难以推进，但双方仍然会寻求建立某种形式的"新一代"的双边自由贸易和经济合作的架构。当然，2016年英国脱欧公投，极大地强化了美国对该协定的负面态度。

方晓：美欧在贸易层面，最重要的一对关系是美德关系。德国是美国贸易逆差的主要来源。德国贸易顺差占其国内生产总值增长比重高。奥巴马政府时期，美国政策圈对德国的抨击就不绝于耳。在此前的TTIP的谈判中，最大的问题也在于美德、美法之间。特朗普本是倾向于双边贸易谈判，但4月23日美国商务部长罗斯(Wilbur L. Ross, Jr.)放出重启TTIP谈判的信号，颇有乘欧盟很难形成合力之时获得谈判先机之嫌。

戴轶尘：我觉得特朗普选择现在这个时间来改变他以往的一些表态，和他在上台执政百日后，在国内遭遇一系列挫折是有关系的。美国放出重启TTIP谈判的信号，也是在外交上释放善意。特朗普强调美国优先，要实现改善美国的经济和就业的目标，还是要找那些最大的贸易伙伴。在TTIP上，美国人可能比欧洲人更急。今年欧洲几个主要国家都要进行大选，为了迎合民意，不太可能在TTIP上有什么突破性的表态，况且欧盟被脱欧牵制了很多精力。特朗普主动提出重启TTIP谈判，更多是希望在外交上营造更好的环境，来弥补内政上的失分。

忻华：目前美国与欧盟对待双边经济关系的重要议题，观望的态度比较强烈，虽然欧盟贸易委员塞西莉亚·马尔姆斯特伦(Cecilia Malmstrom)和特朗普政府都提到愿意重启TTIP谈判，但美国方面在静观法国与德国大选的尘埃落定，恐怕并未有系统的新提案，而欧盟乃至法、德内部对 TTIP 的反对比美国内部要强烈很多，在完成选举和权力交接之前，也不会对 TTIP 谈判有新的意向，TTIP 的重启，恐怕要等到年底乃至明年了。

叶江：在经贸领域，美欧之间经常会有矛盾，哪怕在美欧关系最好的时候也会有。现在的问题出在英国脱欧上。脱欧过程中的美英关系怎么处理？美欧关系又该怎么处理？特朗普近期的一系列行为是想释放这样一个信号：他在对欧问题上改变了过去的看法。比如英国触动《里斯本条约》50 条之后，特朗普的表态是，对欧盟团结应对英国脱欧，美国是乐见其成的。美国还是觉得有一个整体性的欧洲对美国是有利的，尤其是在经济上。

美欧关系仍在"舞台"中央，"斗而不破"

张茗：在英国脱欧的背景下，未来欧洲一体化和美欧关系需要重新校准。首先，欧盟内部关系需要重新校准。英国脱欧后，其内部权力关系改变了，德国问题会重新出现，而经济疲软的法国能否扭转颓势与德国一起重新为欧洲一体化注入活力值得关注。伴随欧盟内部权力关系的变化，其内部一体化要校准。在此基础上，欧盟和美国的关系也要重新校准。但是总体上只要欧洲一体化进程不发生逆转，虽然分歧与摩擦不断，美欧关系总体合作态势不会发生根本改变。

戴轶尘：特朗普已经过了三个多月的"实习期"，其前后表现变化很大。一方面，特朗普的小圈子里的人事调整变化，例如班农退出国家安全委员会后，对特朗普的影响力在减弱；另一方面，特朗普的一些反传统的有挑战性的做法，在美国国内推行不了。他也意识到美国的一些结构性、传统性的东西可能要继续下去。

叶江：今天的世界有很多变化，但核心部分没变，世界体系没变。美欧关系始终是在全球舞台的中央，这一点没有变过。鉴于美欧相互之间经济上的勾连非常紧密，在看得见的未来，美欧之间的跨大西洋联盟不可能散伙。

忻华：美欧之间出现裂痕，与叶老师谈到的美欧不可能散伙的观点并不矛盾。美欧之间仍然拥有重要的共同战略利益，所以彼此的战略盟友关系对双方而言仍是非常重要的，仍将延续下去。但由于美欧双方目前在安全、经济和意识形态三个领域的战略考量与实际利益不同，美欧彼此间的矛盾和斗争也仍然在发展。过去人们谈论中美关系，喜欢采用的一个用语是"斗而不破"。其实用"斗而不破"这个词来形容美欧关系的态势可能更恰当些。美欧之间的裂痕和矛盾的发展，并不意味着美欧会决裂。

（本文发表于 2017 年 5 月 25 日）

6. 英国大选前伦敦再遭恐袭，
袭击点后隐藏何种企图？

2017 年当地时间 6 月 3 日晚，伦敦市中心的伦敦桥发生汽车撞人事件，随后，其附近的博罗市场（Borough Market）以及沃克斯豪尔（Vauxhall）地区也相继报告了伤人事件。前两起事件已被伦敦警方定性为恐怖袭击。这也是继议会大厦开车撞人、拿刀刺死安保人员、曼彻斯特体育场爆炸事件后，英国在不到 3 个月的时间内发生的第三起大型袭击事件。

在英国正与欧盟展开脱欧谈判，且国内即将大选之际，连续发生的恐袭事件究竟会产生何种影响？而恐怖分子选择的袭击地点背后又透露出何种意图？

专家简介（以姓氏拼音顺序排名）：

简军波：复旦大学国际问题研究院中欧关系研究中心副主任、副教授

李冠杰：上海外国语大学英国研究中心助理研究员

艾伦·惠特利（Alan Wheatley）：英国皇家国际事务研究所副研究员

忻华：上海外国语大学欧盟研究中心专职研究员，上海欧洲学会学术研究部主任

张蓓：中国国际问题研究院欧洲所助理研究员

忻华：英国恐怖袭击似乎带有明显的政治意图和意识形态上的象征意义，两次在伦敦市中心的政治地标伦敦桥发起攻击，是向英国的政治制度和主流政治文化发起挑战和威胁，攻击曼彻斯特的演唱会和伦

敦的酒吧,是向英国人日常的社交生活,也就是向英国的传统文化和传统生活方式发起攻击,并制造一种无处不在的恐怖气氛,破坏社会的正常运行。

三个月三次恐袭,其手法与2015年初《查理周刊》事件以来欧洲大陆的多次恐袭事件的手法很相似,明显受到欧洲大陆连环恐袭的影响:使用车辆冲撞市中心,攻击具有欧洲传统生活方式的象征意义的公共场所等。恐怖袭击不仅有可能加剧欧盟与英国之间的对立,而且也不排除会造成英国内部的社会撕裂,导致主张孤立主义和保守主义的本土保守民众与自由派和移民及其后代之间关系紧张,相互的猜忌和对立情绪会加剧。

恐袭的常态化,已经从欧洲大陆蔓延到了英国,最早是2015年的法国,然后是2016年夏的德国,现在是英国,这一波恐袭恐怕不会是最后一波,英国也不会是最后一个地方,新的连环恐袭在新的地方出现,恐怕难以避免。

李冠杰:这次恐袭和冲击英国传统文化应该没有太大关系,因为事情发生在晚上十点,可能因为伦敦桥上的行人和酒馆中的人比其他地方多,选择这里会提高杀伤力。另外,伦敦的安保系统还是很好的,昨天的恐袭和3月的恐袭使用的工具都是汽车和刀具,没有炸弹爆炸,这说明伦敦已经把恐怖袭击控制在"冷兵器时代"下,已经把恐袭受到伤害的程度降至最低点。

另外,恐袭会对大选产生影响,特雷莎·梅首相的处理措施会为保守党加分,而且伦敦市长是工党议员,在其任下几个月内连续发生恐袭事件,他要承担责任,这会不利于工党在竞选中的形象。预计保守党会在大选中获胜,保守党一直强调捍卫英国的价值体系和生活方式,在国际上领先打击"恐怖主义"。保守党获胜后会实施硬脱欧,以后恐怖分子无法通过以欧盟为跳板到英国,英国会相对安全些。

简军波:恐怖分子是有政治目的的,地点选择一般也会有政治目的。忻华老师说的不无道理,但要找到确切的证据比较难。如果恐怖分子真能自由选择攻击目标,说明英国防恐怖措施还是很有问题的。

另外，在大选和脱欧谈判之际，恐怖分子发动袭击，事实上在大选时有利于保守党，以及英国的"硬脱欧"，英国以后可能更趋保守内向，不会再像之前那样，跟随美国插手伊斯兰世界。

张蓓：恐怖袭击能发生肯定是安全疏漏。曼城事件之后安全警戒级别被提高了，但因为没查出嫌疑人属于一个更大的恐怖主义网络，警戒级别又被下调了。移民管控是个长期问题，也是促使英国脱欧的一个重要原因。这次事件对大选肯定有影响，保守党与工党的差距已经缩小，短时间内多起恐怖袭击说明保守党宣传的强大稳定领导根本靠不住。

艾伦·惠特利：英国的确在短时期内连续遭遇三起恐怖袭击，但法国、德国和比利时在过去 18 个月内也被恐怖分子盯上了。我不觉得有任何理由会使英国成为伊斯兰极端势力的肥沃土壤。如果恐袭对大选有影响，我会觉得很吃惊。恐袭只会起到反效果，如果英国的政治制度正遭受威胁，民众只会比以往更团结、更坚定地支持它。"伊斯兰国"在伊拉克的生存空间日益缩小，所以它鼓励它的拥趸在西方发动更多恐怖袭击，其中一些就像发生在伦敦的那样，技术含量很低。

（本文发表于 2017 年 6 月 4 日）

7. 铁娘子梅遭遇六月噩梦：
输了大选，脱欧难"硬"

梅家铁娘子遭遇六月噩梦，在 6 月 8 日的英国大选中，保守党未能获得议会半数席位，出现悬浮议会局面（即没有党派获得超过 326 席成为绝对多数党，多数党需要谋求与其他党成立联合政府）。本想借助提前大选扩大保守党在议会优势，结果却是"赔了夫人又折兵"。此后，英国政府将如何组阁，6 月 19 日开始的脱欧谈判以及特雷莎·梅本人的去向都面临很大的不确定性。

专家简介（以姓氏拼音顺序排名）：
崔洪建：中国国际问题研究院欧洲所所长
简军波：复旦大学国际问题研究院中欧关系研究中心副主任、副教授
李冠杰：上海外国语大学英国研究中心助理研究员
忻华：上海外国语大学欧盟研究中心专职研究员，上海欧洲学会学术研究部主任
杨海峰：上海欧洲学会副秘书长
张蓓：中国国际问题研究院欧洲所助理研究员

为何剧情出现反转？

杨海峰：特雷莎·梅首相于今年 4 月 18 日宣布在 6 月 8 日提前举行大选，只有两个月不到的时间。梅选择提前大选并只给予了这么短时间的提前量，既是客观政治需要，也是一种对短期形势乐观判断的表现。不过，时间短这个因素既有利也有弊，如果形势能够按照原有趋势发展，那么应该可以取得预期结果，但如果出现一些负面问题，整个形

势就很容易被这些负面问题的效应带着走,缺少必要的冷静期和澄清期。现在看来,时间成了梅及保守党在此次大选中的一个不利因素。英国近期在社会看护政策、恐怖袭击及相应的安保政策上不利于梅的讨论都反映出了这个问题。

张蓓:保守党这几年用党的利益绑架英国利益,置国家于巨大不确定中,把欧盟当作紧缩的替罪羊,终于出现了这种后果。

悬浮议会下如何组阁?

崔洪建:随着英国大选结果出炉,无一政党议会席位过半,不得不寻求联合组阁的"悬浮议会"已成定局。但联合政府的产生殊非易事。首先,作为执政党的保守党享有优先组阁权,但从各党纲领和议席情况来看,保守党很难从工党之外的苏格兰民族党和自由民主党中找到执政伙伴,因为各方在脱欧问题上的立场相去甚远。同时,特雷莎·梅首相还面临来自党内外要求其引咎辞职的巨大压力。其次,如果保守党组阁失败,就将由工党出面组阁,尽管工党和其他党在脱欧问题上立场相近,但面对仍是议会第一大党的保守党,它必须尽可能地联合各党来形成多党执政,其脆弱性可想而知。在1974年的英国大选中就曾经出现过由第二大党牵头的"少数派政府",但由于内部纷争和议会的牵制,仅仅维持了四个多月就宣告破产而不得不再次大选。由于上述巨大不确定性,英国政局短期内将陷入混乱,议会悬置,政府停摆。

李冠杰:保守党失去议会绝对多数的这种结果其实不是最坏的,而是最实用的。联合政府有联合的好处。比如保守党和自由民主党联合,工党票数增加。整个英国政治光谱越来越清晰,就是执政党和反对党在主导局势,小党靠边站,特别是苏格兰民族党话语权削弱。这样保守党只需和工党在大问题上达成妥协就行了,在对欧谈判中,面对棘手问题,可以有更多的理由拖延。这种模式其实也还不错。对自由民主党来说,尽管此前与保守党在脱欧问题上曾尖锐对立,但两者组成联合政府并非没有可能。自由民主党进入内阁能够确保脱欧的公正性,促使保守党达成更好的协定。

张蓓： 自民党和保守党联合组阁的可能性不大。自民党和工党在一些议题上有可以合作的地方，不过与工党组阁的可能性已被英国自由民主党领袖文斯·凯布尔(Vince Cable)否决。英国自由民主党前党魁蒂姆·法伦(Tim Farron)此前暗示过要和工党合作阻止特雷莎·梅。

简军波： 工党不一定会同意组阁，有足够多的席位，可以做个忠实的反对党，完全可以提出自己的议案或阻碍保守党的议案；自民党有可能会对2015年组阁后的命运心存余悸，而且因为在脱欧问题上和保守党立场相距较大。因此，保守党找到联合执政的伙伴得花点时间了，要在6月19日脱欧谈判开始前与其他政党达成组阁协议比较难。

忻华： 联合组阁确实会比较困难，工党和自民党的政纲都与保守党相差较大。

梅首相将步卡梅伦的后尘吗？

简军波： 特雷莎·梅首相可能会提出辞职，但保守党内可能不会同意。因为恐怕找不到更合适的人选。在艰难的脱欧谈判开始前，临阵换掉一个主张硬脱欧的首相，对保守党维持政局稳定也是个挑战。但这个换不换还不是很确定，保守党内也不是没有野心家。

忻华： 大选之后脱欧谈判又会添变数。但是主张脱欧的保守力量仍将极力挽留特雷莎·梅，希望她能继续主持脱欧谈判的事务。

杨海峰： 此前还在计票时保守党已现颓势，杰里米·科尔宾(Jeremy Corbyn)就已要求特雷莎·梅辞职，保守党内部局势复杂，可能也会有一些人要求梅辞职，但梅如果足够坚强的话，不应该辞职。即使梅辞职，由于工党等处于相对弱势的位置，对于保守党来说，还是可以先寻求与其他政党联合执政，再试图提高支持率。

李冠杰:特雷莎·梅一直想成为撒切尔,但撒切尔只有一个。从理性上看,梅不应该辞职。因为保守党经受不了再次分裂,去年脱欧公投让保守党损兵折将,梅要为保守党前途考虑和担当,不能辞职。另外需要担当、完成国家使命,特别是脱欧使命。

但从现实看,梅不得不辞职。一是梅提出来的大选,她没有达到预定结果,必须承担责任。再者,不辞职的话也组建不了强力政府,与其拖延不如提早辞职。还有,她无法向民众交代,在首相位置上干不下去了!

脱欧还能"硬"得起来吗?

忻华:工党作为反对党的力量增强,发出的声音会更加响亮,特雷莎·梅即使要强推硬脱欧,也必须更加慎重地考虑不同的声音,态度会相对缓和一些。目前的情形,硬脱欧能不能硬得起来,就显得很不确定了,虽然基本的框架可能不会有大变,但到底能有多硬,实在是存疑的。英国可能仍然会选择宁可脱离欧洲单一市场,也要脱欧,但在涉及人员流动和其他各项权益的问题上,可能会软一些。但是欧盟对英国现在很决绝,不断对苏格兰、北爱尔兰和直布罗陀煽风点火,英国即使发出善意,欧盟也未必买账,反而可能更傲慢决绝。

简军波:在脱欧问题上,工党基本上支持留欧,但也有点不清不楚,立场不是很坚定,对于保守党主导硬脱欧来说,总归有些不利,会拖点后腿。荷兰、法国大选,都阻止了极右翼势力上台,德国大选看来也没有什么悬念。这种情况下,欧盟现在在脱欧谈判上会硬气很多。

杨海峰:自从脱欧确定下来后,其实主动权在很大程度上已经到了欧盟一边,硬脱欧、软脱欧都要看欧盟的意思。软脱欧可能也只是英国的一厢情愿。这样来看的话,虽然一个联合执政的政府必定会面临许多困难,但应该好过更加混乱的局面。国内稳定与团结才是英国最大的利益,政党政治纷争只会使其在脱欧等外部事务中遭受更大损失。

(本文发表于 2017 年 6 月 9 日)

8. 德国组阁谈崩了,如果重新大选局势会逆转吗?

德国总理默克尔所在联盟党、自民党和绿党("牙买加联盟")之间的组阁谈判,由于自民党的退出而宣告破裂。这可能导致德国重新大选,而默克尔的第四任期能否开启也转而成疑。自民党为何选择退出?"牙买加联盟"是否还有转圜的余地? 如果真的重新大选,对德国,乃至欧盟将会产生怎样的影响?

专家简介(以姓氏拼音顺序排名):
孟虹:中国人民大学德国研究中心研究员
杨解朴:中国社会科学院欧洲所副教授
郑春荣:同济大学德国研究中心主任

自民党为何选择退出?

郑春荣:现在是试探性会谈,会谈结果由各党的相关委员会批准,然后进入正式的组阁谈判。自民党要退出谈判,只能在这一刻,因为后面再推翻或退出,会被选民认为更不负责任。自民党带着很高的要价进入试探性会谈,毕竟它在上届议会选举中,从参与执政党变成议会外反对党,它不敢也不愿作出更大妥协,担心下次选举再次遭到选民惩罚。自民党主席克里斯蒂安·林德纳(Christian Lindner)给出的理由是缺乏信任基础,具体理由没有明说。可以猜测,在试探性会谈里,自民党承受了很大压力,甚至被质疑有无达成牙买加联盟的真正诚意。自民党退出,也是基于它认为,哪怕重新选举,它不会是失利者,而是由于它更大地维护了其原则,会得到选民更大的认同。这是否会变成误判,要随着局势的发展才能看清。

杨解朴:自民党选择在这个时刻退出谈判,原因可能是这样:按照谈判流程,在试探性谈判结束后,各党的主席手里会有一张清单,详细列出有哪些是为了继续谈判需要和党内成员达成一致的事项。自民党在这个阶段选择退出,有可能是因为按照试探性谈判最终的局势,清单上的很多内容是无法在党内达成一致的,而且也无法面对自己的选民。因为自民党和联盟党或者绿党分属的政治光谱差异实在太大,自民党为了组阁所需做出的妥协会违反该党的一些根本原则。所以在该党主席宣布退出的讲话中说:不参与执政比错误地执政要好。

孟虹:自民党是联邦德国史上执政时间最长的一个政党。但在2013年的大选中,支持率却从此前的14.6%"一落千丈"地降至4.8%,首次未过联邦议会门槛,从而从原本默克尔联盟党的执政伙伴边缘化为议会外在野党,被迫黯然离开联邦议会。经过四年的努力,自民党在新领导人林德纳的率领下,在2017年9月大选中重新赢得10.7%的选票,再度跻身联邦议会。有了前车之鉴,自民党在此次组阁谈判中态度就异常慎重。总体看来,在此次前期的探索性谈话中,自民党扮演了一个举足轻重的角色。它与联盟党在执政纲领方面的差异,相对于联盟党与绿党的要小。若联盟党与自民党组成政府,林德纳会事先明确要求在新一届政府中享有更为稳定且具实权的地位,制定详尽的联合执政规划,以避免上次惨遭滑铁卢悲剧的重演。当然,此次探索性谈话最后未果,与绿党的两位负责人及基社盟负责人在难民政策等方面坚持己见也有关,总体缺乏一定的合作信任和必要的共识。

"牙买加"已死,谁能解德国乱局?

郑春荣:牙买加联盟这次应该不再可能形成。不能指望林德纳会出尔反尔。德国局势的"救世主"是谁? 这要看怎么理解"救世主"这三个字,"救世主"得结束德国的组阁乱局! 社民党的表现是关键。理想的状况就是社民党回心转意,承担起应该承担起的国家责任。从结束混乱的角度来看,社民党能站出来是最好的。比较实在的是看默克尔有什么招,民意导向又如何。但如果社民党不回头,联盟党和其他党组成少数派政府的可能性不大,重新大选就是最有可能的。

孟虹:四个多星期的探索性会谈最后以失败告终,也导致"牙买加联盟"组阁的谈判尚未开启便已搁浅。自民党在周日晚宣布退出谈判,实际上意味着组阁前功尽弃,先期的探索性会谈彻底破裂。可能性有三:一是联盟党再度与社民党尝试磋商,组成大联合政府;或是与自民党或绿党组成少数派政府;或是提前大选,而最后一种可能性鉴于历史原因,唯有在前两种可能性破灭的前提下,才有可能被联邦总统提到议事日程。如此一来,决定权将掌控在联邦总统手中。他可以根据《基本法》第 63 条,推荐默克尔或者理论上也可以推荐自己原政党的候选人、社民党主席马丁·舒尔茨(Martin Schulz)成为总理候选人,让联邦议会议员进行表决。如果达到半数以上的支持率,就可组成新一届政府。如果支持率在第三轮表决中依然无法超过相对多数,那就要由联邦总统来决定,是否依然命名此人出任总理,或是重新进行选举。所以未来几周,联邦总统弗兰克-瓦尔特·施泰因迈尔(Frank-Walter Steinmeier)将成为一个关键人物。

杨解朴:从目前看到的消息来看,重启"牙买加联盟"模式谈判的可能性看来是没有了。接下来有几种可能性:联盟党和自民党或者和绿党组成少数派政府,其中,联盟党和自民党联合的可能性更大。但这样在议会无法形成多数,接下来的执政也会非常困难,很多决议能否通过都会成为问题。所以即使组成少数政府,之后提前大选的可能性还是很大;要么以国家、社会的责任为名向社民党施压,使其与联盟党进行大联盟政府的组阁谈判。但社民党曾放出话来,如果要组成大联盟政府的话,默克尔得下台。哪怕现在联盟党不再以默克尔下台为组阁条件,默克尔恐怕还是难免在其他方面做出让步乃至牺牲,这条路也很难走。扭转局势的关键角色,还得是默克尔,接下去几周还是她来领导这个谈判,到时就看她能如何斡旋了。

如果重新大选，局势会逆转吗？

杨解朴：如果重新进行大选的话，根据德国各个民调中心的统计以及媒体释放出的信息，社民党、自民党的支持率不会出现扭转。但是联盟党的支持率会有所下降，而德国选择党的支持率则会有所上升。从民调预测的重新大选后各党支持率的百分比来看，组阁形势和9月大选后的形势相比不会有太大改变，能够参与组阁的还是这几个党。所以重新大选对主流政党可能也没什么太大的帮助。

孟虹："牙买加联盟"模式失败后的最后一种可能性，就是重新大选。从民意来看，重新大选的结果不会与现在的有太大的区别。无论是现在，还是日后的重新大选，如若社民党还是履行政党需要参与组建政府这一义务，同意选择与联盟党组成大联合政府，那它的出发点将得到改善，其执政党身份与能力有望略有提升。社民党内部已进行一些改革，如让更多的基层党员参与决策，舒尔茨为此已提议将核心领导层由原来的35人扩大至45人。但总体来看，社民党的内部改革尚处于起步阶段，如果社民党再次与联盟党组成联合政府，并不利于德国政治，且德国选择党也将成为联邦议会内最大的反对党，从而掌控预算大权等，一系列新的棘手问题还将产生。

郑春荣：重新大选后，虽有可能选出一个类似的结果，但包括现在参与谈判的几个政党的立场都会有所改变，社民党也可能会变的。如果重新大选，各政党都会包装自己的竞选纲领，竞选策略都会有改变。参与谈判的这几个政党都必须展现出承担责任的姿态。德国选择党可能会占便宜，主流政党容易让人产生反感。

欧洲一体化处于待机模式

孟虹：德国面临的组阁难题，自然会对在推进欧盟改革方面起着决定性作用的法德轴心产生一定的影响。现在"默克尔4.0"尚未开启就已触礁,表明位于欧洲中心的德国内部正面临一系列前所未有的挑战。未来的德国不管由谁来执政,欧洲之路还是会继续推进。在这次德国大选中,欧洲议题其实被相对弱化了。德国未来的生存依然必须依托欧洲,需要与法国联手。如果默克尔继续执政,那么未来的欧洲一体化的推进需要更加重视与法国的平等携手和凸显法国的作用。唯有如此,欧洲一体化才能平稳向前迈进。

郑春荣:德国当前的乱局,使得德国完全停止了对欧盟一体化的推进。本来默克尔可以去回应马克龙(虽然本来有些问题,即自民党反对马克龙的欧元区政策改革方案),但现在完全无法推进。这可以从两方面来看:一是欧盟议题被搁置了,毕竟连默克尔现在的走向还没有确认;但另一方面也要看,下一次如果组阁,大联盟重新上台,社民党入阁,反而是因祸得福,欧洲一体化会更容易推进。总的来说,现在欧洲一体化处于待机模式,要看德国组阁的结果来定夺。

(本文发表于 2017 年 11 月 20 日)

9. 欧元区改革再现"法德轴心"，中欧关系走向何方？

2017年12月14日至15日，在欧盟本年度的最后一次峰会上，除了英国脱离欧盟、难民分摊、欧洲防务一体化等话题外，从英国公投决定"脱欧"后就反复被人们再次提起的"法德轴心"话题，因为两国领导人在推动欧元区经济改革问题上的一致表态再度引发关注。

法德各自大选结束后，其政治过渡以及推动的改革也让中国留意。中国学术界对法德大选后欧盟的走向以及中欧关系作出及时思索，由复旦大学欧洲问题研究中心/中欧人文交流研究中心、上海欧洲学会主办，中国欧洲学会欧盟研究分会、上海市国际关系学会协办的"法德大选后的欧盟以及中欧关系发展讨论会"上，与会专家就欧盟经济和社会、政治和外交现状及前景，法德大选对欧盟影响，以及中欧关系发展前景等主题进行讨论。

复旦大学欧洲问题研究中心/中欧人文交流研究中心主任，欧盟让·莫内讲席教授丁纯总论这些核心话题时指出，《罗马条约》一甲子之际，欧洲仍不太平，其中包括法国大选的惊险、德国组阁的艰难。欧盟与成员国间的权力博弈，欧盟治理上的体制缺陷，经济上短期复苏势头良好、长期增长乏力，使欧洲处在又一次向何处去的探寻过程中。在中欧关系上，双边经贸关系既是稳定锚，也是离合器，双方处在竞争、合作的矛盾对立统一中。

专家简介（以姓氏拼音顺序排名）：

王朔：中国现代国际关系研究院欧洲所副所长

龙静：上海国际问题研究院欧洲研究中心副主任

伍贻康：上海社科院欧洲研究中心教授，上海欧洲学会名誉会长

忻华：上海外国语大学欧盟研究中心常务副主任，上海欧洲学会学术研究部主任

张骥：复旦大学中外人文交流研究中心主任，法国研究中心副主任

罗长远：复旦大学欧洲问题研究中心教授，世界经济研究所副所长

胡春春：同济大学德国研究中心副主任

戴启秀：上海外国语大学国关学院教授，欧盟研究中心研究员，上海欧洲学会副秘书长

欧元区改革要靠法德妥协

2017年12月6日，欧盟委员会发布欧元区改革计划草案，提议自2019年开始将欧元区救助基金转型为欧洲货币基金；提议在2019年11月开始，设置欧元区经济和财政部长；提议在长期预算中建立融合性工具，以帮助非欧元区国家向欧元靠拢。

这些改革旨在增加欧盟对危机的抵御能力，建立更有弹性的经济体，并减少国家之间的经济差异，也部分呼应了法国总统马克龙提出的改革建议。

马克龙2017年9月提出一系列重塑欧盟的建议。然而，欧元区改革计划因为欧盟内部分歧陷入僵局，德国、荷兰等欧元区经济强国认为改革计划意味着要与其他重债国伙伴如西班牙、意大利、希腊等共同承担风险，从而持保留态度。在本次欧盟峰会上，德国总理默克尔给予马克龙较为肯定的答案，"是时候推动欧元改革了"，单一货币在债务危机高企的情况下更有利。

默克尔与马克龙在15日的联合新闻发布会上表示，德国与法国将在2018年3月之前就欧元区改革计划达成"共同立场"。马克龙表示，同时希望2018年6月之前，欧元区19个成员国能够达成欧元区改革"路线图"。

本届峰会上，虽然就欧元区改革计划没有产生具体成果，但在未来几个月这势必成为欧盟讨论的重点。

张骥：重振法国的领导权依靠法德合作，但要改变过去法德合作

"德强法弱"的格局,马克龙实际上已经有点跃跃欲试。德国组阁谈判未完成,马克龙刚好借这样的机会对"德强法弱"局面作出一点改变,这是马克龙欧洲政策的一面;马克龙欧洲政策的另一面是要回应人民的需要,建立一个能够提供保护的欧洲,在安全、经济、价值上保护欧洲人民,特别是利益受到损害的中产阶层和劳动阶层。为了达到这个目标,马克龙的政策框架包括强化欧盟的外交和军事能力,提升欧盟应对大规模难民的效率,重振欧洲的经济、深化欧元区域一体化。

之前默克尔跟马克龙新政府总体上还是合作的姿态,现在还要看德国组阁的情况。法德合作的亮点是在防务和安全领域,有关争议比较小;但是经济领域的分歧还是比较多。在深化欧元区域一体化方面,法德存在一些区别,马克龙强调欧元区的风险分担,还有共同预算和加强共同投资、刺激经济增长。

王朔:对马克龙来讲,欧洲建设跟他的国内经济改革建设捆绑在一块。他知道法国现在的经济对欧元区、对欧盟的容忍程度非常高,而且马克龙一直认为欧元区成立以后,德国拿到了最大的红利,法国没有拿到最大的红利。马克龙认为如果这样的趋势下去欧元区会垮掉,这个话是说给默克尔听的,对于默克尔来讲,她也知道需要变革。法国跟德国的妥协并不是两个国家之间的妥协,而是为了欧盟发展前景法德做出的妥协。

胡春春:在欧盟的深度改革方面,现在明显能够看到马克龙在法德核心问题上有点朝前蹿的态势,争夺欧盟改革、发展的主导权。如果把马克龙所说的要成立欧元区共同的财政部,以及要有一个共同的财政政策、财政部长这个点放在人事选择问题上来看,就能看出来默克尔方面会面临多大的困难。欧盟将来的财政部长是法国人还是德国人,两种财政文化背后是两个国家历史中积累起来的发展经验。

戴启秀:马克龙在外交方面最主要的诉求是重塑欧洲的领导权,在经济问题、安全领域都是如此,德国对此也很清楚并且认可。

法德继续发挥协同领导作用并无疑义,但是涉及政治经济领域两国合作如何平衡的问题。具体来说,经济上由于近年来德国的持续发展、法国的低迷不振,一盛一衰两者的平衡已经被打破。法国将欧元区的改革,特别是统一律法作为改革的优先;而德国又急于推动共同安全和防务领域,这样的问题如何平衡,需要磨合,不是目标问题而是路径问题。

我认为德国会做出一定的妥协,欧元区改革在不涉及债务共担这个话题时,还是可以推进的。

法德因素主导对中欧关系的影响

中国驻欧盟使团团长张明曾在上个月强调中欧关系发展面临的"四大机遇"时指出,今年(2017年)德法大选后,欧盟希望推动一揽子改革计划。中国要解决发展不平衡不充分的主要矛盾,关键也靠改革,因此双方可利用新一轮科技和产业革命的机遇加大创新投入,也可在数字经济、绿色发展等领域培育新的增长点。

从决策层认定到具体的商业推动,中欧经济合作的密切程度不言而喻。但在这种趋势下仍有杂音,其中就包括以法国、德国为代表,对海外资产进入的审慎态度,以及中国经济制度的疑虑态度。

龙静:未来两三年可能是欧盟内部调整的关键时刻。一方面要和英国进行"脱欧"谈判,同时还要启动上述改革,欧盟将会变得更加内部化而不是向外拓展。在这样的背景下欧盟可能会维持好与外部主要合作伙伴关系的平衡健康发展,而不是实质性地介入一些力所不及的国际议题中。在中欧关系方面,欧盟和主要的成员国不太可能在敏感问题上侵犯中国的核心利益,而在反恐这些方面还会加强同中国的合作。

另一方面,欧盟改革的不少内容会涉及成员国财政领域主权进一步的让渡,可能会形成更加严苛的欧盟财政标准和投资标准,对中国对欧投资可能会形成更高的壁垒。"多速欧洲"发展启动之后,欧盟可能会加紧对于欧盟内部团结以及融合的强调,进一步发展其融合政策下的多种政策工具,来安抚中东欧新的成员国。对"16+1"这样的合作机制来说,改革中的欧盟可能会表现出更大的敏感情绪,甚至是防备的情绪。可能会引发对中国对欧政策批评的上升。中东欧的一些国家，甚至包括类似奥地利这样的一些欧盟中小型国家，他们寻求同欧盟之外的经济力量进行合作的意愿非但不会减弱可能会进一步上升，用这种方法来对抗欧盟内部比较边缘化的不利局势，这些国家可能会加大对中国"一带一路"倡议的支持以及参与度，以此来借助中国的经贸投资、基建合作来推动本国发展战略的实施。

罗长远：从贸易的角度来说，我们可以观察到两个事实，一方面中国与欧盟的贸易在欧盟总贸易中所占的地位越来越重要，但是另一方面欧盟国家之间的贸易相对来说随之受到了挤压、所占的份额越来越少。

当中国进口增加的时候，对欧盟国家内部的贸易削弱作用是最为显著的。中国贸易出口对美国的贸易削弱作用虽然也显著，但是相对来说要小很多。与印度相比，印度商品出口欧盟其实和中国所产生的规律是相反的，当印度对欧盟国家的贸易量越大时，欧盟国家的内部贸易也会越多，印度与欧盟之间的贸易从某种程度上是加强了它们的区域一体化，我们初步估计可能是和贸易的产业结构或者说产品层面的一些规律有关系。

在这样的背景下，就引发了德国、法国这两个欧盟最大的国家对于中国和欧盟之间贸易行为的一些担忧。欧盟国家对于中国贸易的态度，其实可以分为两派：一派可以归结为法国、德国、意大利等核心国家，德国、法国在欧盟国家中占到非常大的贸易份额，在欧盟这个组织中也有比较强的话语权，它们其实希望减少与中国的贸易，促进区域一体化；另一些处于边缘地位的国家，比如希腊、葡萄牙，反对它们的计划，希望和中国建立双边的一些贸易和交流，然后来获取本国的一些利益。

忻华：以我关注的欧盟对中国防御性经济政策的新态势，来讲讲中欧经济关系的基本结构和长期趋势。在2015年年底之前，欧盟对中国防御性贸易与投资政策决策主要的影响因素就是奥巴马政府出台的《跨太平洋伙伴关系协定》(TPP)。2016年欧盟对中国的防御性贸易和投资政策的决策其实是跟欧盟对于中国市场经济地位的认定问题相伴始终,在这样的背景下,2016 年 3 月,欧盟委员会出台了更加详细的、对于非欧盟国家进口产品的反倾销和反补贴的各种惩罚性措施的一系列的提案。2017 年则是因为英国"脱欧",荷兰、法国、德国这三国大选的影响,欧盟急于增强内部的凝聚力,希望加强经济增长,保证对国内市场和产业部门的保护。在这种情况下,欧盟有了对于"市场扭曲"情况的调查,对于全球化概念的重提,以及今年 9 月一系列国情文件的出台。

欧盟针对中国而采取的防御性的经济政策仍表现出比较强烈的两面性:第一,名义上欧盟方面仍然尊重世界贸易组织(WTO)主导的国际多边贸易体系和规则体系,仍然肯定全球化,但是欧盟内部对于全球化在进行反思,提出了一些负面的和否定的看法,认为需要对全球化加以约束,如果不加以约束,欧盟在全球化中将是输家,反而便宜了美国和中国。第二,仍然强调中国对于欧洲经济的重要意义,但欧盟内部在决策时,对中国在经济上对欧洲的对立性和竞争性强调得越来越多。第三,一方面仍然肯定中国是欧盟的战略伙伴,对世界具有重要的战略价值;另一方面欧盟在根本上对中国的基本经济制度持疑虑的态度,这有意识形态的因素在里面。而且欧盟针对中国而采取的防御性的经济政策在这三个两面性方面可能会发展得越来越强烈。

伍贻康: 法德轴心足以发挥作用,因为互补性很好。此次默克尔或许不能组建强势政府,这更容易促成法德的平衡状况,这对欧洲一体化应该有利。欧洲与中国实际利益冲突不多,但是随着中国力量越来越增强,贸易、投资甚至于中国政治制度的影响,都在扩大。

欧洲是西方意识形态一个很重要甚至相当顽固的基地。欧洲内部比较信奉实用主义,在欧洲经济困难的时候,务实、实用主义有助于经济复苏,它们会接受而且想同中国多发展关系,来补欧洲之缺。但是在意识形态问题上,我们不要忽视也不要大意。在国际舞台上,特别同欧洲关系方面我们可以稍微注意一点,调子不宜太高。中欧关系的发展,今后可能不仅仅体现在实际摩擦上,甚至可能出现在意识形态和价值观方面。

(本文发表于 2017 年 12 月 18 日)

10. 评估马克龙访华成果:维护伊核协议或成新合作点

1月10日,法国总统马克龙结束了对中国为期三天的国事访问,法国一些主流媒体对这次访问作出积极评价。本期"欧洲观察室"邀请中法专家共同盘点总结马克龙的此次中国之行:马克龙此次访华展现了他怎样的大国外交雄心,对当下的"反全球化"趋势,中法合作能发挥什么作用?"一带一路"倡议会因此次访问在欧洲得到进一步推进和落实吗? 中欧之间的分歧能否得以化解?

专家简介(以姓氏拼音字母排序)

帕斯卡·博尼法斯(Pascal Boniface):法国国际关系与战略研究所(IRIS)所长

杜懋之(Mathieu Duchatel):欧洲对外关系委员会(ECFR)亚太项目高级研究员

赵晨:中国社会科学院欧洲研究所国际关系研究室主任

马克龙的大国外交和欧盟雄心

杜懋之:马克龙此次在北京发出了法国清晰的信号,并且中法两国在互信和坦率的基础上建立了(更稳固的)外交关系,这些都有助于马克龙在国际事务中施展更大的抱负。

博尼法斯:在竞选期间,马克龙多次从"戴高乐—密特朗主义"中援引概念,赞扬其中的价值。显然,他希望展现出与前两位被视为更加亲美的前任总统——萨科齐和奥朗德——之间的不同。萨科齐决定将法国完全纳入北约体系。而戴高乐将军创立的、由密特朗总统发展的"戴高乐—密特朗主义"更加强调法国的独立。法国是美国的盟友,但在任何时候都不会听命于美国。法国是一个西方国家,但它不局限于这个身份。法国现在需要与新兴国家保持紧密的联系。

自从去年(2017年)竞选以来,马克龙不断为法国外交政策注入新的能量。他的绝大多数政治议题涉及外交政策层面,他的目标就是在未来能够成为与普京及特朗普具备同级别话语权的领导人。

杜懋之: 马克龙总统此行的目标是向中国领导人明确表示:在英国脱欧和反欧盟的民粹主义上升浪潮出现后,欧盟不会走向分裂或者衰落而变得无足轻重。在中国和欧盟的关系上,北京的领导层能够听取法国就欧洲未来发展的自信的乐观声音,这一点是很重要的。

反"反全球化",中法两国可以做些什么?

杜懋之: 此次中法发布的联合公报强调两国在很多与特朗普政府存在分歧的国际事务中达成的共识,尤其是伊朗核问题、气候变化问题和巴以问题。联合公报指出了环境保护与气候变化议题在中法关系中的重要性。环保在微观上事关个体,在宏观上则与经济市场相关,不仅带来了科技上的挑战,而且成了一个国际关系中的战略问题。

博尼法斯: 显然,马克龙希望中国成为法国的重要伙伴,虽然中国与西方国家有所不同。1964年,法国成为第一个与中国建立外交关系的西方大国。现在中国的发展令人印象深刻,而法国也应该在当前的这个多极世界中成为中国的重要伙伴。此外,美国现行的政策也让中法合作变得更有必要,同时也为我们开拓了更多的合作领域。

中法两国合作的最大潜在领域就是在应对气候变化方面。中法同为联合国安理会常任理事国,法国也拥有大量的文化与科技资源,国际事务、文化和科技都可以成为中法开展合作的领域。此外,我想补充一个特别重要的问题,维护受到美国政策威胁的伊朗核协议也应该成为未来中法两国优先的合作领域。

赵晨:特朗普在竞选时以及执政后,都高喊"美国优先"的口号,以一种顽固的、保守的姿态将美国利益放在第一位。美国在贸易上也不愿意遵守国际多边机制,开全球化的倒车。在这种情况下,要擎起贸易自由化和经济全球化的大旗,光靠欧盟是独木难支的。而习近平主席2017年年初出席达沃斯世界经济论坛时发表的演讲,表明中国是经济全球化坚定的支持者的立场。马克龙希望巩固和加强中法之间在经济全球化和贸易自由化方面的同一立场。

"一带一路"倡议或架起中法电子商务快行道

杜懋之:马克龙表示"一带一路"倡议很受欢迎,因为更多的互联互通有助于国际关系的发展,但这不该是地缘政治意义上的发展。

赵晨:马克龙访华,对"一带一路"倡议在欧洲的推进和落实无疑是起到积极作用的,他本人对"一带一路"倡议的态度非常积极、正面。"一带一路"倡议并不是一种地缘政治的谋划,而是中国为国际社会提供公共产品的一种方式。法国对此已有深入的认识。这次访华结束后,相信法国经济界会对"一带一路"倡议有更积极的表态。

"一带一路"倡议陆上经过的地区,比如中东、北非,也是法国传统的投资地区。中法在这些地区的第三方合作也会有所拓展。

和中国一样,相对于传统的零售业,法国的电子商务也表现出越来越强劲的优势。因此,马克龙此次访华,对中法之间在电子商务方面的合作也会有一个推动作用。"一带一路"倡议并不仅仅是实体经济,也包括电子商务,马克龙这次访华,可能会为中法之间的电子商务合作架起快行道。

中欧分歧根本化解尚待进一步努力

杜懋之:中国在过去三年来逐渐成为主要的国际投资者,这是一个需要在外交上认识的问题,因为这为中国和许多国家的关系开拓了新局面,包括法国。在对华关系上,马克龙强调了一些关键的法国国内的挑战,例如说服法国公司更加积极地开拓出口市场,支持技术创新,发展工业来参与全球市场的竞争。

马克龙此次访华,他明确表示,欧洲应向中国开放投资,但是一些领域需要受到限制,而这也是欧洲日益增强的共识。

赵晨:马克龙此次访华,对中欧之间的一些分歧起到一些缓和作用。但根本化解还需要进一步的努力。欧盟近期经济转好,复苏速度较快,对战略性产业的保护声音也逐渐提高。

马克龙此次访华,主要还是通报彼此的立场,起到一个沟通的作用。真正解决,比如欧盟对"16+1"合作的疑虑,关键还得看德国的态度,中东欧传统上是德国的"后院",还是要等德国政局稳定后,才能有进一步的行动。

(本文发表于 2018 年 1 月 12 日)

11. 特雷莎访华之后,英国明确
对华政策立场或可期

简军波,复旦大学国际问题研究院
中欧关系研究中心副主任、副教授

2018 年 1 月 31 日英国首相特雷莎·梅到达中国,开始为期三天的访问。特雷莎·梅访华之际,复旦大学中欧关系研究中心与上海欧洲学会推出《欧盟及其成员国对华政策报告(2017 年):"双重差异化合作"凸显》。本期"欧洲观察室"刊出该报告中由简军波副教授撰写的《2017 年英国对华政策:适度调整,深化合作》一文(本文现标题为编者所拟,内容有删节),以使读者明了特雷莎·梅此次访华是在中英关系的何种大背景下进行的。

2017 年是中英建立大使级外交关系 45 周年,英国对华政策在这一年基本上保持了友好态势,经济上继续将中国看作重要合作伙伴,政治上继续认可双边"黄金关系"的发展方向,在此基础上,对华合作领域与范围继续扩大。可以说,这一年英国对华战略体现了较强的稳定性与延续性。

尽管如此,较之 2016 年,尤其是特雷莎·梅首相上台前的情况,2017 年英国对华政策在策略上有一些调整与改变,这主要体现为:经济上,既支持中国"一带一路"倡议,试图搭上中国经济发展的快车,但也开始注重防范中国投资,欲建立对外审查机制;政治上,既开放所有现存双边交流机制,但在某些关涉我国主权权益问题上,发表了对我国不利的言论。

因此,2017 年特雷莎·梅政府的对华政策体现出一定程度的两面性:在战略上坚持对华友好的同时,在策略上体现出某种程度的对华疑虑。

对华政策的背景因素

2017年英国对华政策的实施主要存在四个背景：英国与欧盟的脱欧谈判；6月的重新大选；全球政治环境的变化；以及现任首相及内阁成员的认知。这些背景（或环境）影响乃至左右着英国对华政策的基本面貌。

脱欧谈判开启于2017年3月，这已成为英国这一年最为重要和亟须应对的对外事务，谈判的进程、成败和内容将决定英国在整个欧洲的地位和未来的国家发展前景。因此，在全力对付布鲁塞尔的挑战时，它没有更多精力来关注中国。

其次，尽管发生在2017年6月的大选没有改变执政党的执政地位，但改变了议会中的权力分布与内阁结构，因此特雷莎·梅政府试图以新的手段来调整对外政策（包括对华政策）来树立其权威，释放新的气象，这种风格在其2016年接任卡梅伦时就表现了出来。

另外，就特雷莎·梅本人而言，她认为英国的东亚政策或全球政策不应和中国绑得太过紧密，曾说过，尽管英国需要和中国保持紧密的经贸联系，但这种联系是开放的，英国应该面向所有国家建立关系；而内阁的调整也因某些阁僚认知的差异而使英国对华态度发生微妙的变化。

就整个全球政治环境来看，中美关系在进行新的调整，美欧关系也是如此，并且欧美的反全球化情绪在持续上升，这些诸多外部的不确定性使英国在脱欧之际，一定程度上需要寻求其熟悉的外交关系来保证英国的发展战略不出现过大的失误，以及确保英国有较巩固的认同，因此，英美"特殊关系"在2017年得到重申，虽然它曾经在去年的一段时间里受到了英美双方的部分质疑，而英美紧密关系的重新确立，无疑在一定程度上会影响英国对华政策的制定。

寻求深化双边务实合作

在2017年年初，特雷莎·梅首相面向全球华人发表了热情洋溢的鸡年贺词，她声情并茂地表示要"借此机会和中国建立所有的业务联系……分享外交、教育、旅游、文化领域的成果"。尽管她表达的是对全球华人而不仅是中国公民的祝福,但言辞与语调中体现出来的热诚充分传递了英国渴望与中国建立紧密关系,以便抓住中国在经济上所能给予其利益的机会的期待。部分得益于梅首相这种真诚的期待,中英关系在 2017 年得以继续发展。

政治方面,对华双边沟通机制顺利运转,双边各层级互动频繁。2017 年 2 月,第二次中英高级别安全对话在伦敦举行;李克强总理、外交部长王毅分别同英国首相特雷莎·梅、外交大臣约翰逊·鲍里斯互致贺函电,庆祝中英建立大使级外交关系 45 周年;5 月,英国首相特使、财政大臣哈蒙德(Philip Hammond)来华出席"一带一路"国际合作高峰论坛;7 月,习近平主席在出席二十国集团领导人汉堡峰会期间,同特雷莎·梅首相举行会晤,再次确认双边"黄金关系"的发展大方向不变;在党的十九大召开之后,梅首相向习近平主席发出了贺信。

经济方面,以 3 月欣克利角项目主体工程正式开工建设为标志,中英经济合作不断深入发展。在整个 2017 年,尽管存在脱欧带来的不确定风险,但中国企业在英国的投资依然令人印象深刻,这包括投资英国皇家阿尔伯特码头项目的正式开工;招商局集团完成收购六个英国太阳能发电站;以及对诸多英国房地产项目与足球俱乐部的收购,等等。同时,连接中国义乌和伦敦的班列开通,一定程度上可看作对"一带一路"项目的支持。年底,哈蒙德率团来北京参加第九次中英经济财金对话。英国财政部将哈蒙德此次访华视作进一步展示英国"全球化"形象的行动,并通过对话"继续建设适合未来经济的英中经贸关系将进入一个新阶段"。这次对话达成广泛的经贸合作意向。

可以说,尽管人文交流被视作双边关系的第三大支柱(2017 年英国继续支持中英人文交流,并在伦敦顺利召开中英高级别人文交流机制大会),但中英关系最实质的和最具影响的两大支柱是政治与经贸关系,尤其是经贸关系。在脱欧程序启动之后,英国比以往任何时候都更需要和中国保持更好的经贸关系,以帮助弥补英国从欧洲单一市场退出的损失,并寻求与中国经贸合作中获得经济增长的新的途径。

2017 年对华政策的特征与影响

英国在既有的政治、经贸、人文交流领域顺利开展对话之际,也发出了一些对华质疑的声音。这主要体现为两个方面:一是试图加强对外投资审查,针对中国投资的意味较浓;二是发表一些干涉中国内政或不利于中国主权利益的声音。

从整体上来看,2017 年的英国对华政策体现出几个特点:首先,它受到脱欧的重大影响,因此在对外关系中将欧盟看得比以往更加重要,尽管它试图以加强与外界的联系来建构一个"全球化英国"的形象,但依然难以从与布鲁塞尔之间复杂的关系中脱身。从效果上看,它某种程度上正在援引"三环外交"的旧的策略,以一种熟悉的方式帮其巩固其脱欧之后的身份认同,尽管在另一方面,伦敦也认为经贸上那个东方大国是脱欧之后弥补市场损失的重要替代,但在艰难的脱欧谈判之际,认为在政治或安全上欧盟与美国才是英国最值得重视的伙伴。

其次,也因为上述原因,特雷莎·梅政府的对华政策在 2017 年还没有完全定型。双方经济上的相互需要与政治上出现的一些对华偏见与疑虑没有达成对华政策逻辑上的圆融和自洽。即使是经贸政策,它的指导方向也有待明确:是毫无保留地加强与中国的投资与贸易关系,还是置于一种它认为足够安全的新的规则之中?这种略带迟疑的对华政策取向意味着成熟的对华政策依然在塑造之中。

第三,从以上的分析可以得出一个结论,英国政府的对华政策有些许内在的紧张,一方面承诺继续维持卡梅伦政府所倡导的双边"黄金关系",另一方面在推动这一关系时存在一些担忧或行动上的滞后。因此,它在某些方面加强了与中国的经贸关系,但在政治领域或经贸关系的某些方面又让双边关系变得尴尬。

无论如何,中英对彼此而言都是重要的全球性伙伴,这从 2015 年双方建立"面向 21 世纪的全球全面战略伙伴关系"的提法中可见一斑。因此,2017 年英国对华政策在英国内外多重因素的制约下出现一些调整和改变,但所幸双边发展的战略方向得以坚持和延续;2018 年年初特雷莎·梅首相访华,使得英国延续一个方向更为明确、立场更为友好的对华政策变得令人期待。

(本文发表于 2018 年 1 月 31 日)

12. 欧盟对华政策的战略摇摆会如何影响中欧关系？

龙静，上海国际问题研究院欧洲研究中心副主任；
戴轶尘，上海社会科学院国际问题研究所助理研究员

就欧盟来看，2017年欧盟对华政策出现了一定程度的"政经分离"现象，两面性上升：在多边层面的全球治理和国际热点中寻求中国的合作，同时又在双边层面的经贸议题上突出与中国的竞争。一方面，欧盟在不确定性日增的国际环境中力图维持中欧关系的战略稳定，在政治与外交领域延续友好对话的基调，积极拉住中国强化彼此在多边舞台上的合作。另一方面，欧盟仍寻求抓住中国扩大开放和"一带一路"倡议带来的经济机遇，但在经贸议题上质疑和非难中国的声音日趋强烈。欧盟对华政策中合作与竞争并存、需要增进互信又加强防备的矛盾心态，反映出欧盟在急剧变化的内外环境之下的战略摇摆态势。

"黑天鹅"冲击下，欧盟对华战略需要"转舵"

2016年6月发表的《欧盟全球战略》认为，当下欧盟正处在一个"联系更紧密、更具对抗性也更错综复杂"的世界之中，而在此后英国脱欧和特朗普当选美国总统两大"黑天鹅"事件的巨大冲击下，加重了欧盟在2017年面临的内外环境的不确定性和复杂性。

在欧洲内部，受英国脱欧的刺激，欧洲已成为民粹主义上升的重灾区，德国与法国等多个欧洲国家内部的极端政党迅速崛起，并产生了不容小觑的政治与社会影响。因此，2017年的荷兰、法国、德国、奥地利和捷克等欧盟成员国大选引发空前关注，防范极右翼势力上台成为欧

洲领导层的当务之急。同时,在欧洲外部,特朗普主张"美国优先",在经贸投资、地区安全、全球气候变化等议题上改变过往政策,其一系列"退出"外交使国际关系走向更为扑朔迷离。特朗普对欧盟的批评,不仅与欧盟以多边主义塑造全球秩序的立场背道而驰,而且还激化了欧洲的反全球化、反移民和反一体化的声势,加剧了欧盟内部的不稳定性和外部环境的不确定性。在内外交织的民粹主义、保护主义、疑欧主义的噪声中,欧盟一面开启了与英国的脱欧谈判进程,一面着手推进蓄势已久的改革议程,引发了内部,特别是新老成员国之间对于改革方向的争议和分歧。

上述事态发展偏离了欧盟在 2016 年制定对华政策时预设的战略轨道。当时,在先后发表的《欧盟对华战略新要素》和《欧盟全球战略》两份文件中,欧盟明确表示重视中国的崛起和"一带一路"倡议的深远影响,愿与中国在改革全球治理体系、欧盟的周边事务、移民管理、地区冲突解决,以及提供全球公共产品和应对共同挑战等诸多领域发展灵活多样的伙伴关系。同时,欧盟将美国和北约视为建立基于规则的全球秩序的核心伙伴,而不再提及中国的战略伙伴地位,降格其对华政策的定位。

但事与愿违,特朗普当政进一步暴露了美欧之间的裂痕,使得欧盟寻求以巩固跨大西洋伙伴关系应对内外挑战、塑造国际秩序的预期落空,在大国关系中处于更为弱势的地位。反之,2017 年中国外交以"一带一路"倡议为主要抓手继续推进,赢得了更大范围的国际支持和积极参与。中国支持全球化、支持《巴黎协定》、支持欧洲一体化,以及支持以政治外交而非军事手段解决冲突的立场显示出稳定国际秩序的积极作用。在此背景下,欧盟意识到在气候变化、全球经济治理、核不扩散、地区冲突等议题上越来越需要加强与中国的合作,巩固与中国的关系也有助于欧盟对内平息民粹主义的声浪、凝聚一体化的动力,对外缓解美国带来的战略不确定性。

高开低走:2017 年欧盟对华政策调整

2017 年欧盟对华政策呈现为高开低走的态势:上半年双方在气候

变化、安全和政治领域的互动显著升温；但在 6 月的中欧峰会之后，双方在经贸领域的分歧和龃龉日趋公开化，导致第七次中欧经贸高层对话未能如期举行。

在气候变化问题上寻求中国的支持成为欧盟 2017 年对华工作的重点之一。在美国正式宣布退出《巴黎协定》后，中欧借第 19 次中欧峰会之际共同重申继续推进《巴黎协定》落实的意愿。欧盟还将双方在气候问题上的共识列为中欧峰会成果清单中的第一项。

欧盟在对华关系上还突出对安全议题的重视。欧盟外交和安全政策高级代表莫盖里尼（Federica Mogherini）在 2017 年 4 月访华期间表示，在诸多重大国际危机中，欧盟重视中国作为安理会常任理事国的作用，中国是欧盟安全与外交政策的重要伙伴，在叙利亚问题、朝鲜半岛局势、阿富汗问题、伊朗核协议、利比亚危机等国际和地区热点问题上寻求与中国加强沟通和协调。"应对地区和全球挑战"被欧盟列为中欧领导人会晤的第三项成果。同时，在涉台、涉藏，以及涉及主权等核心问题上，相较 2016 年欧盟在南海仲裁案上的表态，中国与欧盟之间并未在 2017 年出现新的冲突点。

应该看到，欧盟在上述领域与中国相向而行，与其在大国关系中处境被动有着密切的关联。气候变化问题历来被欧盟视为以多边主义进行全球治理、发挥国际领导力的关键议题，而特朗普退出《巴黎协定》强烈削弱了欧盟力推多边治理的有效性。欧盟在气候变化问题上寻求与中国立场趋同，不仅拓展了中欧双边合作的深度与广度，也为缺少美国支持的国际气候变化合作注入了坚定的信心和强劲的动力。

同时，在国际和地区热点上，欧盟也需要中国的配合。特朗普上台之初向普京示好、批评北约的鲜明反差加剧了欧盟对跨大西洋盟友体系和欧洲安全秩序的担忧。特朗普对中东国家颁布移民禁令、主张退出伊朗核协议、承认耶路撒冷为以色列首都等强硬举措加剧了中东局势的混乱，对深受中东动荡之苦的欧盟而言无疑是火上浇油。欧盟不仅在安置中东难民问题上难以获得美国的援手，还面临着伊朗核协议这一为数不多的欧盟共同外交成果被毁于一旦的局面。因此，在事关欧盟自身安全的欧洲周边地区冲突上，欧盟在与俄罗斯交恶、与美国分歧显著的情况下，在安理会中只能更加倚重中国的一票，拉住中国以减少大国关系中的不确定性。在涉及中国周边局势时，欧盟方面则表现出了主动与中国加强沟通的姿态。

尽管特朗普效应带来的外部压力推动了中欧之间增进在全球治理等多边议题上的战略共识，但并未消除近年来由于中欧实力对比变化而在双边关系中存在的矛盾和紧张。尤其是欧盟内部保护主义声浪高涨的推波助澜之下，在构成中欧关系战略基础的经贸关系中，欧盟将中国视为竞争对手加以防范的心态日趋明显。

2017年，中欧经贸关系的基本面并未发生显著变化，双边经贸往来仍是支撑中欧关系的战略支柱。由于2017年欧洲经济复苏明显，欧盟内部实现了所有成员国经济正增长，中欧经贸也随之呈现恢复性增长。

在《欧盟对华战略新要素》中，欧盟强调"互惠性"和"公平竞争"是对华关系的基本原则。在追求互惠性上，欧盟积极回应中国的"一带一路"倡议和"中国—欧盟互联互通平台"机制，不仅将其写入战略文件，而且在2017年转化为一系列具体行动。2017年5月，欧盟委员会副主席卡泰宁（Jyrki Katainen）也亲自带队出席在北京召开的"一带一路"国际合作高峰论坛，并在不同场合表示欧盟的政策金融机构欧洲投资银行（EIB）愿与中国主导的亚洲基础设施投资银行（AIIB）进行合作的意愿。同时，欧盟也寻求与中国的发展战略对接，双方在6月的中欧峰会上签署《丝路基金和欧洲投资基金促进共同投资框架谅解备忘录》，并召开中国—欧盟互联互通第二轮主席会议，在通关便利化、加强规范与标准对接、融投资合作，以及推进具体条件的示范项目等方面取得实质性进展。此外，双边经贸关系中的难点问题也出现一定的缓和与进展。

然而，由于中欧双方在市场经济地位问题上分歧过大，未能在6月峰会上按原定计划发表联合声明。此后，欧盟在对华政策上显著强调"公平竞争"，在经贸和投资领域运用诸多手段对中国施加压力。

在贸易领域，欧盟运用规制性力量强化对中国实施反倾销措施，中欧贸易摩擦加剧。2017年12月，欧盟新的反倾销规定生效，以"严重的市场扭曲"这一新的评判方式作为判定某种商品是否在欧洲市场构成倾销的基本依据。这将扩大中国商品"构成倾销"的范围，必然引发更多的双边贸易摩擦。

在投资领域,欧盟则寻求建立外资审查框架,对中国资本筑起政策壁垒。欧盟委员会主席容克也在其 2017 年 9 月的施政演讲中就如何应对战略性行业的并购行为发表意见。这一表态被外界视为不具名地针对中国。

不可否认,欧盟已对中国对内的经济改革和对外的经济外交表现出越来越大的顾虑、指责和戒备。究其原因,在于自欧债危机以来的一系列内外危机严重削弱了欧盟的经济实力及其治理模式的吸引力,不仅让中欧经济实力的对比日益向中方倾斜,而且迫使欧盟丧失了以往的制度优越感。这种地位和心理上的双重落差强化了在内部改革上举步维艰的欧盟将自身问题转嫁为外部矛盾的冲动,使之对中国的不满日趋激烈。欧盟指责中国国内的营商环境并没有走向进一步的开放,不顾及中欧之间经济发展水平的客观差距。而且欧盟还担心中国经济外交在欧洲地区的推进可能干扰欧盟规制的实施,破坏欧盟设立的各类经济与社会标准,甚至打破欧盟内部的团结和一致对外的立场。

但是,欧盟也认识到仍然需要有原则地、可行地和务实地与中国接触,需要建设性地管控双方的分歧,推进双方在社会与人文交流领域的对话与合作,为此提供了更多元的渠道。这些对话机制将中欧在人权、法治等领域的分歧有效地限制在小范围内,保障了中国与欧盟关系整体的平稳发展。此外,2017 年也是"中国—欧盟蓝色年",双方在海洋政策、生态保护、科技创新、产业发展等领域展开了积极的合作与交流。

欧盟对华政策对未来中欧关系的影响

根据上述对 2017 年欧盟对华政策的简要分析,中欧关系的未来发展可能呈现出以下趋势。第一,未来二至三年将是欧盟内部调整的关键时刻。欧盟既要与英国展开脱欧谈判,又要启动改革协商。在此背景下,欧盟将变得更加"内顾"而非"外拓",在对外战略上的首选是努力维持与外部主要合作伙伴关系的平稳健康发展,而非实质性介入力所不及的国际议题。就中欧关系来看,欧盟不太可能在涉台、涉藏等敏感问题上侵犯中国核心利益,但是在人权、南海等议题上仍有可能以发表声明等非实质性手段提高调门,体现"存在感"。

第二,经济因素可能成为欧盟消极应对中国崛起的主要原因,而全球治理则会成为欧盟积极看待中国作用的重要推动力,两者相互牵制与平衡,共塑欧盟对华政策的整体结构。如何有效利用对话机制管控好中欧在经济领域的摩擦和分歧,并利用多边舞台加强双方在全球治理领域的磋商与合作,是保持中欧关系稳定和健康发展的关键。

第三,在全球贸易保护主义呈抬头之势的背景下,欧盟事实上正在动用自己在经济领域的专属权能,发挥规制力量,推进整个欧盟层面的贸易保护主义。再加上欧盟改革可能涉及更多成员国进一步让渡财政领域主权,欧盟可能在未来设置日趋严苛的财政规则、贸易壁垒和投资标准,使中国对欧贸易与投资遭遇到更多阻碍,引发更多摩擦。

第四,欧盟将在气候变化、反恐,甚至周边安全等议题上加强与中国的合作。中国与欧盟在多边舞台上就国际与地区热点问题进行的互动与合作将日益成为巩固中欧关系稳定发展,夯实双方"全面战略伙伴关系"定位的重要支撑。但也要清醒地看到,由于欧盟无法摆脱对美国的安全依赖,在解决国际和地区热点上与中国的立场和方案仍会存在一定分歧。2017年欧盟的共同防务合作在英国脱欧刺激下有实质性推进,但还远不足以独自应对和解决其周边的一系列地缘政治冲突。欧盟在外交和安全议题上寻求与中国的协调,仍是以不损害美国对欧洲的安全承诺为前提的,而中国也不会为此改变自己在解决地区冲突上的一贯立场,疏远与俄罗斯的战略协作伙伴关系。

第五,"多速欧洲"发展模式开启的同时,欧盟将会加紧对内部融合与团结的强调,进一步发展其融合政策下的多种政策工具,以安抚中东欧地区的成员国。对于"16+1合作"等中国与欧洲次区域之间的新型合作机制,改革中的欧洲将可能表现出更大的敏感情绪和戒备心态,从而引发对中国对欧政策批评的上升。

(本文发表于2018年2月2日。原载于复旦大学中欧关系研究中心与上海欧洲学会推出的《欧盟及其成员国对华政策报告(2017年):"双重差异化合作"凸显》,原标题为《2017年欧盟对华政策:关注经贸分歧,着眼全球治理》,此处内容有删节。)

13. 在法国对华政策的两面性中
寻找中法合作的契机

张骥,复旦大学中外人文交流研究中心主任、

法国研究中心副主任

2017 年,法国政治的主题是总统大选。在近年来最具不确定性的一次总统大选以异军突起、"非左非右"的马克龙当选而告终后,法国外交开始呈现跃跃欲试、有所作为的势头。对华政策在保持延续性的同时,也呈现出更加有所作为的趋势,而这种有所作为的趋势呈现出两面性的显著特征:一方面,法国视中国为重要市场和战略伙伴,欲加强与中国在经贸、投资、"一带一路"和全球治理领域的合作;另一方面,法国视中国为竞争者,要求所谓"公平"贸易和投资,防范和疑虑中国的一面也在加强。

在对华政策两面性都显著上升的背景下,中法关系可能迎来新的合作契机,也存在潜在的不确定性。2018 年新年伊始,马克龙作为中共十九大后访华的第一位欧洲国家元首,凸显法国在中欧关系中的重要性。两国元首决定在相互信任、互惠互利原则基础上推动紧密持久的中法全面战略伙伴关系行稳致远。

法国对华政策的新背景

法国大选呈现的国内政治生态的变化以及英国脱欧、法德大选带来的欧洲政治格局的变化构成法国对华政策的新背景。同时,美国特朗普政府对欧洲的态度也构成外在背景。

2017 年的法国总统大选产生了广泛而深刻的国际影响。第一,在

特朗普当选美国总统、英国"脱欧"的背景下,人们普遍担心民粹主义势力在法国再下一城,上台执政。法国大选被视为阻挡民粹主义在欧洲和全球泛滥的堤坝。第二,反全球化、反欧盟、反移民的主张和民粹主义思潮在大选中甚嚣尘上,极端政党获得前所未有的支持。第三,"脱欧"在大选中成为一个政策选项,引发对欧盟前景的普遍忧虑。11位候选人中有8位提出不同形式的脱离欧盟(或欧元区)的主张。第四,传统政党的旁落和新兴政治力量的崛起带来不确定性。社会党的溃败和共和党的旁落给极端政党提供了空间。

尽管马克龙的最后当选阻止了极右政党的上台和民粹主义的进一步泛滥,也消除了法国可能"脱欧"对欧洲一体化的再度严重冲击,但是法国大选呈现出法国政治生态的变化:一是民众对于法国在全球化和欧洲一体化中的收益和代价更为敏感,越来越关注全球化带来的竞争压力和损失,关注法国在欧盟中的地位和权益;二是对安全的普遍关注,对恐怖主义和难民问题的忧虑,在安全与"自由、博爱"的传统价值观之间形成了两难;三是对法国在欧盟和世界上地位的相对下降,显示出悲观情绪。

政治生态的上述变化使得法国新政府在坚定对外开放和坚定欧洲一体化立场的同时,也更加强调建设"能够提供保护的欧洲"和更有效率的欧洲,回应民众对一体化和全球化带来损害的关切;在重申多边主义原则和国际义务的同时,也呈现某些战略收缩的成分和现实主义、保护主义的色彩;在大国关系中,法国外交的独立性更加凸显。这些构成马克龙政府的外交政策特点:"开放的独立外交"。

同时,欧洲的政治格局也因为英、法、德内部的调整发生了重要的变化。英国的"脱欧"促进了德法团结,再次凸显了"德法轴心"的突出重要性。然而,默克尔在大选中的"失利"和德国新政府的难产,使得德国很难再在欧洲事务中继续扮演过去多年中的"领头羊"角色,这为年富力强、雄心勃勃的马克龙欲在欧洲重拾法国的"领头羊"地位提供了契机。在对华关系方面,尽管上述三大国仍存在竞争关系,但是英国今后很难再发挥在中国与欧盟关系中的重要作用,法国在中欧关系中的地位进一步提升。

特朗普新政府的"美国优先"政策,退出《巴黎协定》的举动,在一定程度上是对欧洲的忽视和"甩手",特别对法国而言,既提供了包括法国在内的欧洲国家的外交独立空间,也给予了它们不得不寻求外部新的市场与发展机会的紧迫感与动力。

对华政策的两面性上升

在上述新背景下,法国对华政策在保持总体延续性的同时,呈现一些新的特征。

第一,法国"后来居上",表现出对"一带一路"倡议强烈的合作愿望。相对于英国和德国,法国在"一带一路"倡议方面的反应较慢,起初并未意识到这一倡议的重要意义和重大机遇。法国新政府显然改变了这一态度。

"一带一路"合作成为马克龙首次对中国进行国事访问的重要议题。马克龙的访华行程也特意选择从古代丝绸之路的起点西安开始。法国迫切希望加强同中国就"一带一路"双边对接合作和开拓第三方合作的对话,同时希望在中欧"一带一路"合作对接中发挥引领作用。通过战略沟通,马克龙对"一带一路"总体上呈现出积极的认知,表示法国重视在"一带一路"框架下增进中法两国合作,认为这极具战略意义,并表示法国准备好在"一带一路"建设中发挥重要推动作用。

在表现出对"一带一路"倡议积极合作态势的同时,法国也表现出一些疑虑和担心。一是对"一带一路"倡议可能带来的地缘政治和地缘经济影响不放心,尤其是对于中国与中东欧国家的"16+1"合作、与希腊等南欧国家的合作,持疑虑态度。二是对中国通过"一带一路"合作框架增加对欧洲的投资表达了警惕,一直强调"一带一路"建设要遵守所谓"规则和标准"。三是对于可以在"一带一路"框架下进行哪些具体的对接合作,感到缺乏具体项目做抓手。马克龙在西安发表的演讲中,一方面将"一带一路"倡议视为中法、中欧合作的新机遇,同时也强调"一带一路"倡议要遵循平衡合作、共享财富;绿色环保;透明、互通、开放,尊重竞争规则和知识产权、分担风险等原则。

第二,法国把贸易和投资作为对华政策的重中之重,一方面希望进一步开拓中国市场,另一方面却对中国贸易和投资加强防范。中国是法国亚洲第一、全球第五大贸易伙伴。同时,中国也是法国最大的贸易逆差国。提振法国经济、增加就业是马克龙政府的执政重点,为此,法国不遗余力开拓中国市场。在进一步强调传统领域的合作和大项目推进的同时,法国希望开拓金融、农产品、智慧城市、数字化、养老等新兴领域市场。特别是随着英国"脱欧",法国希望巴黎能够替代伦敦成为中欧之间的金融中心,迫切希望中国进一步开放金融市场,加强金融领域的合作。马克龙访华随行带领欧尚、索迪斯、空客、达索等50多家大型企业的老总,与中国签订了大量订单。中法还将宣布设立10亿欧元的投资基金,用于支持法国中小企业在华发展。

同时,法国大选呈现出对全球化和自由贸易的负面态度,马克龙政府在国家和欧盟层面都需要回应选民关切,对中国采取了一系列具有保护主义倾向的措施。法国把解决中法贸易赤字作为一个重要诉求,越来越强调贸易和投资开放的所谓"对等性"。同时,法国试图对中国对法、对欧投资采取限制措施,甚至设置障碍。法国政府对中国在法投资项目也逐渐加强了监管审查,特别是涉及能源和交通运输领域的投资和收购。

第三,法国欲在全球事务和全球治理中发挥关键,甚至某些领导作用,对华合作需求加强。马克龙不仅表现出在国内事务上的雄心勃勃,在国际事务中更是显示出要积极有所作为的态势,一改近年来法国领导人平庸无为的形象。在民粹主义兴起、特朗普政府表现出某些"孤立主义"倾向的背景下,法国十分重视在国际事务中同样坚持多边主义的中国,将中国视为全球治理中的重要战略伙伴。

气候变化是近年来凸显法国外交作为的领域。特朗普政府宣布退出《巴黎协定》的决定不啻对法国外交努力的沉重打击,马克龙试图说服特朗普改变决定的努力依然未能奏效。而作为气候变化领域最为重要的攸关方,中国的合作对于维系和落实《巴黎协定》显得极为重要。但同时,发达国家和发展中国家在减排方面仍存在分歧。反恐和加强国际安全成为深受恐袭和难民问题侵扰的法国对外政策的重点,在这方面法国也积极寻求与中方的合作。在叙利亚、中东和北非问题上,法国希望中国支持法国的反恐行动。特朗普政府在巴以问题上改变现状的举措令欧洲盟友困扰,在稳定中东局势方面法国与中国存在共识。

在伊核、朝核问题上,法国也希望加强同中国的协调。法国对中国近年来在非洲区域治理中发挥的积极作用存在矛盾心理。一方面,视中国在非洲影响力的拓展为竞争,甚至诋毁中国的行为;另一方面,最近加强与中国在非洲第三方合作,共同开发非洲市场的声音在加强。

值得注意的是,法国新政府有所作为的外交在大国关系中重现法国"独立外交"的传统,试图在存在严重战略矛盾或意识形态冲突的大国中扮演对话者角色,将寻求中国在大国协调方面的合作。

第四,继续加强在人文交流领域的合作。作为将文化视为最重要外交资源之一的国家,法国继续重视与中国之间的人文交流。除了传统的教育、科技、文化领域的交流合作,中法在公共卫生、全球卫生治理、体育,特别是冬季运动方面加强了合作。作为在中国在欧洲的第一大旅游目的地,法国希望继续吸引中国游客,加强安全措施。年初,中法两国签署《驾照互认协定》。12月,中法两国元首夫人共同为旅法大熊猫幼崽命名,营造良好民间氛围。值得注意的是,旅法华人数量已经成为欧洲第一,华人安全和经济诉求近年来不断增长,亦越来越成为中法关系中不可忽视的一个因素。

展　　望

马克龙政府的对华政策,既有积极进取、加强合作的强烈愿望,同时也带着一些疑虑、保护,甚至防范的色彩,两面性在上升。法国对华政策以在西方大国中的开创性缔造了中法关系的历史根基,并一直在中国对外关系中具有特殊的地位。

今天,中法关系的战略环境和基础发生了一定程度的变化,中法两国的国家实力、国际地位、国内情况都发生了不少变化。但是,中法之间合作共赢的基础仍然广泛存在,不仅在双边关系中,也在全球和地区事务中。通过马克龙总统的访华,双方进一步增进了战略沟通,就务实合作和开辟新的合作领域达成了广泛共识,为下一步中法关系的发展奠定了比较良好的开端。法国对华政策,应该促进积极性、减少消极性,增强合作性、减少竞争性。

法国对华政策的变化既有利益的问题,也有认识的问题。法国需客观、理性看待中国的发展,适应国际力量对比的变化。通过深化改革适应经济全球化的挑战,而不是将国内矛盾外部化。在坚持多边主义和维护开放、自由的全球贸易体系方面信守承诺,而不是采取歧视性和保护主义的措施。在中欧关系中,法国要做积极促进中欧关系健康发展的"领头羊",而不是消极发展的"领头羊"。中方也需客观看待法国国内政治生态和中法、中欧关系的变化,做大共同利益的蛋糕。同时,要通过有效的沟通,使得法国对中国战略意图和"一带一路"倡议的误解和疑虑减少,通过更加务实的合作和具体的项目呈现"一带一路"合作的优势和收益。中法更应在全球和区域治理、全球事务和地区热点问题中加强战略协调,共同促进多边主义。此外,中法两国还应在新的现实基础上发挥人文交流的优良传统,促进两国社会,特别是经济界、青年和广大民众客观认识对方国家和社会的发展变化,巩固两国关系的民意和社会基础。

(本文发表于 2018 年 2 月 6 日。原载于复旦大学中欧关系研究中心与上海欧洲学会推出《欧盟及其成员国对华政策报告(2017 年):"双重差异化合作"凸显》,原标题为《2017 年法国对华政策:两面性上升》,此处内容有删节。)

14. 中东欧对华政策的内在需求，
合作迈向成熟期

宋黎磊，同济大学德国研究中心研究员、
政治与国际关系学院副教授

按照中国外交部 2012 年确立的"16＋1"合作框架的定义，包括维谢格拉德四国（波兰、匈牙利、捷克、斯洛伐克）、东南欧国家（罗马尼亚、保加利亚、斯洛文尼亚、克罗地亚、塞尔维亚、马其顿、波黑、黑山、阿尔巴尼亚）和波罗的海三国（爱沙尼亚、拉脱维亚和立陶宛）。在很大程度上，"16＋1"合作对推动中国与中东欧国家的 16 组双边关系的互动与改善提供了前所未有的机会。

首先，中国同维谢格拉德四国发展了较高的合作规模和水平，中国同中东欧 16 国的经贸和投资合作中，维谢格拉德集团四国均占据七成左右，波兰是同中国双边贸易额总量最高的中东欧国家，位居第二和第三的是捷克和匈牙利。

其次，中国同巴尔干国家合作升温，罗马尼亚成为中国在中东欧地区投资最多的国家，塞尔维亚则成为"16＋1"合作框架下落地的合作成果较多的国家。继而，中国同波罗的海合作稳步推进，爱沙尼亚在电子商务、拉脱维亚在物流和基础设施建设、立陶宛在港口与产能方面与中国有着较强合作诉求，三国期待在"一带一路"倡议下凸显自身在欧亚互联互通的枢纽地位。

2017 年中东欧对华政策的特点

2017 年 5 月，部分中东欧国家领导人来京参加"一带一路"国际合作高峰论坛,中东欧16国全部被纳入"一带一路"倡议框架下;7月14日,在罗马尼亚首都布加勒斯特举行第二次中国—中东欧政党对话会,来自中东欧16国35个政党的代表、地方政府和企业家代表,以及中国代表团共计600余人参加对话会。这标志着"16＋1"合作框架下的政党交流平台实现了机制化。

11月,中东欧国家领导人在匈牙利布达佩斯出席第六次"16＋1"峰会,中国—中东欧合作已经从最初的"窗口期"走向"成熟期"。整体上看,2017年中东欧对华政策基本上坚持友好交往的发展方向,在这一总的方向之下,中东欧对华政策具有以下三方面特点。

第一,中东欧将中国视为战略伙伴的国家增多,合作升级。继2016年中国与捷克确立战略伙伴关系,中国与波兰、塞尔维亚确立全面战略伙伴关系之后,2017年5月13日,在匈牙利总理欧尔班来京参加"一带一路"国际合作高峰论坛期间,两国政府正式将中匈关系升级为全面战略伙伴关系。中国已经与中东欧中的四国确立不同程度的战略伙伴关系。

第二,中东欧国家普遍认可中国的发展模式。中东欧国家如今对德国等欧洲大国强制推行价值观外交日益感到不满,与之相比,中国在不施加政治压力、不围绕安置叙利亚或利比亚难民的问题提出要求的情况下开展合作,中国开展的务实合作日益受到中东欧国家欢迎,影响力正在增加。如捷克科学院全球研究中心主任马雷克·赫鲁贝茨(Marek Hrubec)表示,"'16＋1'合作机制在发展过程中成功吸引了政治家、媒体、社会科学家和普通市民的关注"。

第三,中东欧国家纷纷出台对华政策纲要等政府文件。如斯洛伐克议会2017年4月通过了"2017—2020年斯洛伐克与中国经济关系发展纲要",该发展纲要认为斯洛伐克必须为了经济目的而利用其较好(并且仍在加强)的对华政治关系。该发展纲要还提到实现这一目标的多种措施,其中包括扩大驻华外交人员数量、为吸引中国投资者和游客在中国各地开办"斯洛伐克之家"、尝试制定利用中资在斯洛伐克境内修建基础设施的计划等。

在对华友好政策基调上,双边经贸和
人文交流发展迅速

据中国商务部统计数据显示,中国和中东欧国家的合作机制自2012年启动至今,中国与中东欧16国进出口贸易额已从2012年的521亿美元增加至2016年的587亿美元,增长13%,占同期中国同欧洲进出口贸易的比重由7.1%升至9.8%。同时,中国企业赴中东欧国家投资兴业的热情也不断高涨。据不完全统计,2016年中国企业在中东欧地区投资超过80亿美元。而中东欧16国在华投资超过12亿美元,涵盖机械制造、汽车零部件、化工、金融、环保等多个领域。

由中国国家开发银行与中东欧国家金融机构共同发起的中国—中东欧银联体于2017年11月27日成立,共有14家成员,均为中国和中东欧各国政府控股的政策性、开发性金融机构和国有商业银行。中国政府宣布中国国家开发银行将提供20亿等值欧元开发性金融合作贷款,同时,中国—中东欧投资合作基金第二期已经完成,募集资金10亿美元。

中国对中东欧的投资主要集中在基础设施建设、产能、机械、节能环保产业、旅游和房地产等领域,并购投资和绿地投资均出现较大增长。中国出资的100亿美元专项贷款截至2017年,其中优惠项目贷款已经用完,主要是投资基础设施建设、水利、高速公路等建设。一方面提升当地的就业水平,促进当地经济发展。另一方面,也提升中国在该地区的影响力。此外,在第六届中国—中东欧国家领导人会晤期间,中国、匈牙利、塞尔维亚共同签署三国政府间关于匈塞铁路项目合作谅解备忘录,这将有助于加快推进中欧陆海快线建设进程。

2016年中东欧国家的欧盟成员国对华贸易情况好于欧盟老成员国,但是也有两个方面的问题值得关注,一是中东欧国家之间对华贸易差别较大。五个地区国家——波兰、捷克、匈牙利、斯洛伐克和罗马尼亚——与中国的贸易额占总贸易额的80%。该地区的匈牙利、波兰、保加利亚、捷克和斯洛伐克则吸引了大多数中国直接投资。二是中东欧国家存在较大的对华贸易逆差,如波兰2016年对华贸易逆差达到

136.7亿美元,占中波贸易额的78%。这种状况与双边贸易结构以及中欧贸易结构的性质有关。从欧洲大国诸多产业链布局来看,中国、中东欧、欧盟大国一致维持着一种共赢格局。随着中国与中东欧贸易的良好发展,中东欧国家作为中欧贸易的"中转站"的作用愈加重要。

在人文交往领域,2017年中东欧16个国家与中国文化交流活动丰富。如2017年中国—中东欧媒体交流年活动、中国—中东欧国家文化合作论坛、中国—中东欧国家教育政策对话等重要的人文交流活动从多个角度和层次提升"16+1"合作的热度和水平。不过在整体推进人文交流的过程中,各国与中国的交往也存在活动数量与投入不平衡的情况。

影响未来中东欧对华政策的欧盟因素

中东欧国家在政治上普遍奉行对华友好政策,2017年,中东欧国家能够一如既往尊重中国核心利益和重大关切,对中国采取务实合作态度。与此同时,中国—中东欧"16+1"合作成为中欧合作亮点的同时也在一定程度上引起中欧关系的紧张。

部分欧洲大国坚持认为中东欧国家离心倾向加强,中东欧国家和中国的"16+1"合作是在分裂欧洲。欧盟有官员在2017年指出,相比中国人在中东欧经贸和投资方面的盲目性,中方在对中东欧合作方面有清楚的战略布局;欧洲人如果置身事外,就不能很好应对,如果对中国在中东欧的行动不能做出及时果断的应对,就会更加危险;并认为欧盟不能再采取鸵鸟政策,中东欧如果在经济方面更加依赖中国,将来会在欧洲利用自己的声音来保护中国的利益;同时也有德国官员在2017年表达了担心,认为中国在中东欧地区软实力的增长会最终取代德国在该地区的影响力。

在中东欧国家中,一些民族主义政府如匈牙利的Fidesz政党和波兰的PiS政党*,对欧盟层面的压力极为反感,也渴望在英国脱欧后自

---

* Fidesz为匈牙利现在的执政党青年民主主义者联盟;PiS为波兰现在的执政党法律与公正党。——编者注

己国家在欧盟决策中发挥更大作用。基于"制造业核心"的短期经济目标,波兰和匈牙利积极追求加强对德国的经贸联系;但中东欧国家也不愿意看到欧盟内德国一家独大的局面,对德国在欧盟内重拾霸权充满疑虑和批评。中东欧国家反对"多速欧洲",坚持欧洲一体化框架和申根区的扩展等福利。波兰和匈牙利等中东欧国家领导人,确实有借中国平衡欧盟和德国的期待。

(本文发表于 2018 年 2 月 8 日。原载于复旦大学中欧关系研究中心与上海欧洲学会推出《欧盟及其成员国对华政策报告(2017 年):"双重差异化合作"凸显》,原标题为《2017 年中东欧对华政策:支持"一带一路"倡议》,此处内容有删节。)

15. 美欧陷入"懦夫游戏"，
同盟关系几近破裂

忻华，上海外国语大学欧盟研究中心常务副主任、
上海欧洲学会学术研究部主任

特朗普上任伊始就成了欧洲的"噩梦"，令美欧之间"同床异梦"，各怀心思，彼此间的裂痕不断加深。作为特立独行的反建制派力量，特朗普政府痛下重手，强力拆解欧盟最为珍视的全球治理架构和国际多边合作机制，使欧盟的"美好梦想"一次次遭遇沉重打击，矛盾越来越尖锐。美欧关系，正面临史无前例的危机。

美欧同盟关系接近破裂

2017年6月特朗普政府宣布退出关于气候变化的《巴黎协定》，使欧盟推崇的国际新秩序第一次遭遇沉重打击。而2018年3月特朗普政府举起贸易制裁的大棒之后，美欧矛盾愈发不可收拾。4月间，德法领导人先后访美，苦口婆心却没能换来任何实质性的让步或谅解。进入5月，特朗普在贸易、外交和战略安全等多个层面频频动作、步步紧逼，继续打击欧盟脆弱的"存在感"。5月8日，特朗普宣布退出伊核协议，干脆利落地抛弃了欧盟引以为自豪的一项国际多边合作架构。5月12日美国无视欧洲的反对，宣布在耶路撒冷成立新的驻以色列使馆。5月21日世贸组织裁定空客公司接受欧盟补贴属于非法，特朗普政府立即大做文章，威胁将对欧盟产品实施更为严厉的制裁。如此种种龃龉，使美欧跨大西洋同盟的制度大厦摇摇欲坠，面临崩溃。5月11日美国《外交政策》杂志的一篇评论认为，特朗普宣布退出伊朗核协议，

等于"给跨大西洋同盟的棺材钉上了最后一颗钉子"。而 5 月 16 日欧盟理事会主席图斯克在欧盟首脑峰会的演讲中也直言，美国这样的朋友几乎与敌人无异。的确，美欧同盟关系几乎已接近破裂。

美欧贸易争端面临"懦夫游戏"

气候问题、伊朗核协议，都还属于高端的全球治理议题，可以从长计议、耐心斡旋。而美欧贸易争端直接牵涉欧洲的物质利益，成为激发美欧对抗的最强烈的催化剂。美国在贸易问题上空前强硬的态度和步步为营的攻势，使欧盟和德法都感到恼怒异常，甚至有些焦头烂额。3 月 23 日美国宣布将对进口的钢铁和铝产品征收反倾销税，但随即又宣布对欧盟给予"临时豁免"，豁免期限延续至 6 月 1 日。从此反倾销税成了一把"达摩克利斯之剑"，令欧盟和德法等国惴惴不安。4 月间法国总统马克龙和德国总理默克尔接踵访美，希望探知美国的下一步意向，却没有探得任何风声。欧盟不得不两手准备，软硬兼施。5 月 16 日欧盟理事会主席图斯克向特朗普隔空喊话，提出"对欧盟永久豁免，以换取欧盟的市场开放"。5 月 17 日欧盟委员会以行政立法的方式出台详细的反制措施，宣布拟对数百种美国进口产品征收 25％的惩罚性关税。欧盟与美国的贸易争端实际上已经陷入博弈论里所说的"懦夫游戏"（Chicken Game）的对局，针锋相对，互不相让，游走在激烈冲突的边缘，一方退缩，则另一方获益，两方迎头相撞，则共同遭受惨重损失。眼看期限将至，这场博弈对局正进入最扣人心弦的紧张时刻。

美欧关系恶化使欧盟面临三重困境

特朗普政府咄咄逼人的态势，美欧关系的持续恶化，使欧盟决策层忧心忡忡，疲于应付。美欧关系原本是欧盟最为倚重的对外关系，现在给欧盟决策者带来了三重困境。如何应对这三重困境，考验着欧洲政治精英的智慧。

首先，在对外贸易关系的具体层面，欧盟面临着如何在"自由贸易"的理念和"公平贸易"的诉求之间找到平衡的问题。面对特朗普政府的国家重商主义和贸易保护主义政策,欧盟秉持"自由贸易"的理念,可以占据传统话语体系的道德制高点,形成对美国的压力;但同时,全球化导致欧盟内部贫富分化,社会矛盾趋于尖锐,欧盟也必须认可"公平贸易"的观念,出台更为严格的反倾销、反补贴的政策与法规体系,保护内部的弱势群体,维护自身的技术竞争力。

其次,在对外经济合作的总体层面,欧盟面临着在多边主义与双边主义之间如何抉择的困境。欧盟一向认同和支持世贸组织主导的国际多边贸易体系,推崇全球治理的理念,然而特朗普上台至今,美国实际上已经否认世贸组织的权威,抛弃了国际多边贸易机制的现有架构。迫于形势,欧盟既要坚持维护多边体制,又不得不致力于双边层面的自由贸易架构的建设,加速推进对日本、新加坡、澳大利亚、新西兰等国的双边自由贸易谈判,以应对美国带来的压力。在多边主义和双边主义之间的抉择,绝非易事。

第三,在对外地缘战略的宏观层面,面对美国全球安全战略的调整,欧盟面临着周边地区和亚太地区孰轻孰重、如何兼顾的问题。从奥巴马政府到特朗普政府,美国对外战略体系的重心不断向亚太地区转移,其用于战略安全布局的资源也不断向亚太地区汇集。同时美国对欧洲和欧洲周边的中东北非的关注程度在不断下降,而特朗普政府对北约更是颇有微辞。有鉴于此,欧盟不能不重视亚太地区,因而其近年来重点推进的双边自由贸易谈判的对象国多集中于亚太地区。但欧洲周边地区,尤其是中东北非地区,直接关系到欧盟自身的安全与稳定,中东北非的碎片化是导致难民潮和恐怖主义在欧洲蔓延的直接诱因,欧盟不可能放弃对周边地区的经营,因而必须兼顾周边和亚太两个战略方向。

应对美欧关系新挑战,欧盟没有惯例可循

欧盟诞生于苏联解体、冷战结束之时。建立欧盟的政治精英显然认为,旧时代已伴随着冷战一起终结,全球化已成为不可逆转的必然趋势,国际多边贸易体系代表着世界发展的唯一方向,欧盟应该坚定地沿着这样的方向前进。

　　然而世界的变迁却表明,全球化和地区一体化可能会逆转,民族主义与民粹主义的力量可能会卷土重来。欧洲政治精英对这些变化始料未及,对自己最倚重的盟友美国出现的新形势更是感到错愕不解。特朗普政府的上台,使他们被迫面对没有惯例可以依循的全新挑战。长期以来,与重视现实主义和经验主义的美国相比,欧洲似乎更偏重理想主义和抽象理性,更重视"形而上"的意识形态,更喜欢构建看似严谨的观念体系和完美的理想图景。美欧关系的持续恶化,也许会使欧盟逐渐反思理想主义的局限性,更多地从现实主义视角进行思考和决策。

　　(本文发表于 2018 年 5 月 24 日)

16. 欧美之争:国际格局权力 转移的结构性冲突?

杨晓燕,中国石油大学(华东)马克思主义学院副教授;
解晓燕,中国石油大学(华东)马克思主义学院副教授

自特朗普上任以来,围绕英国脱欧、贸易平衡、防务支出和伊朗核协议等问题,欧美之间发生了一系列摩擦。特朗普反欧盟、反全球化的民粹主义政策引发了大西洋两岸,尤其是欧洲对欧美关系的强烈关注与担忧。特朗普"美国优先"的外交政策在很大程度上是此次大西洋关系危机发生的诱因,从根本上来说此次欧美之争则是国际格局权力转移的必然结果。随着欧盟与美国实力差距的缩小,在欧盟共同外交与安全政策的发展中,欧盟积极谋求世界领导权,而美国试图维持其全球霸权地位。因此,当前的欧美纷争反映了欧盟的国际地位追求与美国霸权(领导权)之间的矛盾。在全球多极化日渐深化的背景下,除非欧盟完全服从美国的领导与规则,否则美欧纷争不可避免。

特朗普政府"美国优先"的外交政策

"美国优先"是特朗普政府外交政策的鲜明特征,强调将美国的利益放在第一位。然而,任何国家总是希望将本国利益放在第一位的。关键在于"美国优先"的外交政策对美国国家利益的界定是非常狭隘的,其基本观点是将美国国内的经济和安全利益作为外交政策的出发点和归宿,反对将一国利益与世界发展紧密联系在一起,因此,在国际关系中更关注本国的短期利益、绝对利益。在实现美国利益的方式方面,将美国当作超越国际秩序之上的全球领导者,让其他国家服从美国

的秩序和规则。

在经济方面，"美国优先"的政策认为建立起第二次世界大战后世界经济秩序的国际主义和互惠原则是一个巨大的错误。因此，特朗普政府反对自由贸易与多边经济机制。在政治方面，"美国优先"的政策只关注美国自身利益，否认与大西洋共同体在维持西方共同的价值观和第二次世界大战后国际秩序方面的共同利益。因此，特朗普政府支持英国脱欧，反对欧盟与欧洲一体化，支持欧洲的民粹主义。在安全防务领域，从美国的全球战略出发，要求北约欧洲成员对此提供支持。在全球治理方面，反对美国利益与世界利益联系在一起的观点，拒绝承担国际责任，因此特朗普政府反对联合国为核心的多边机制，减少国际援助支出，退出《巴黎协定》和伊朗核协议，等等。

历史的延续还是新秩序的开端？

在经贸领域，欧美经贸纷争延续了欧美经贸关系的主要特点——竞争性相互依赖。一方面，美欧作为全球最大的经济体，其经济相互依赖的程度非常高。美欧互为最大的贸易伙伴，互为外资最大的来源地和流入地。另一方面，相互竞争性也是美欧经贸关系的重要特征之一。

而当前欧美关于汇率、贸易平衡的争论反映了两个新变化。第一，美国对第二次世界大战后确立的多边主义经济秩序的否定。尽管美国经常置自身于国际秩序之上，但在美欧经济纷争中多通过关税及贸易总协定（GATT）谈判或世界贸易组织（WTO）的多边解决机制。此次贸易纷争，美国采取的是单边的贸易惩罚措施。

第二，欧盟在国际经济格局中逐渐成为与美国力量相当的竞争者，挑战了美国在世界经济中的霸权地位。这是美欧在多哈回合谈判失败后抛弃多边主义，开展双边自贸协定谈判的主要原因。美欧是世界上几乎所有国家第一或第二大贸易伙伴，在目前国际关税水平已经普遍降低的情况下，美欧对第三国市场准入的竞争体现为边境内壁垒问题的竞争，即将自身偏好的经济政策和规则外部化的问题。而欧盟在国际贸易规则和相关技术标准的制定方面，开始谋求打破美国的垄断地位，而且欧盟是一位强有力的竞争者。

在政治领域,特朗普总统对英国脱欧的支持态度以及其反移民、反欧盟等与欧洲民粹主义相呼应的政治观念造成美欧在政治上的纷争扩大,而美国对欧洲一体化的支持是大西洋共同体的组成部分,反对欧洲一体化意味着对"大西洋共同体"的背离。

在防务领域,特朗普指责欧洲盟国没有为自己的安全防务承担必要的支出。从根本上来说,反映的则是美国的全球战略需求与欧洲的防务独立性不足之间的矛盾。

第一,冷战后北约持续存在的基础是维持共同价值基础上的欧洲和平秩序;实际情况则是在北约框架下,美国对欧洲提供安全防务,欧洲在美国的全球行动中提供支持与合法性。

第二,冷战结束后,北约服务于美国全球战略的特征愈加突出。北约在1991年、1999年和2010年发布的三个战略概念文件,将北约从军事组织扩展为政治军事组织,将北约活动的范围从域内扩展到域外,将参与北约行动的成员扩展到全球伙伴。北约战略目标的扩展反映了美国在全球维持霸权地位的战略需求。而美欧关于北约防务支出的纷争同样源于美国亚太再平衡战略的需要。

第三,欧洲对美国安全保障的可靠性疑虑加深,欧洲防务合作进一步深化。防务支出和美国的制约是欧洲独立防务发展的两大重要影响因素,受美国战略重心东移、防务支出压力与欧盟地缘安全状况的影响,欧洲共同防务获得进一步发展。然而,在2018年2月的慕尼黑国际安全会议上,美国对欧洲发展防务独立性表示不满,认为欧洲独立防务的发展破坏了北约的团结。因此,只要欧盟在安全上仍然要依赖北约的防务力量,欧洲独立防务的发展就非常有限,欧盟的安全目标不可避免地与美国的全球战略发生矛盾。

在全球治理领域,2018年5月8日特朗普政府退出伊朗核问题全面协议,在美国宣布退出后欧盟宣布将继续恪守该协议的承诺。此外,特朗普总统已于2017年6月1日宣布将退出致力于阻止全球变暖的《巴黎协定》。

美国政府退出国际多边机制在历史上早有先例,欧盟与美国在多边主义政策方面存在根本性分歧,这一分歧反映了双方不同的国际秩序观。对欧盟来说,多边主义是其追求的国际秩序的目标。2016年欧盟的全球战略问题明确提出"欧盟促进多边主义为主要原则和联合国为核心的规则基础上的全球秩序的形成,通过一致通过的规则制约权力政治,促进全球的和平、公正和繁荣"。

但是美国只是将多边主义作为实现国家利益的一种工具与手段,美国追求的是全球霸权。欧盟也希望与美国共同提供全球领导权,然而欧盟建立在多边主义基础上的领导方式却在实质上具有削弱美国霸权的作用。欧盟追求建立在多边主义和欧洲所认可的规则规范基础上的国际秩序,在国际规则与规范的制定领域打破了美国的垄断地位。因此,此次欧美关于国际多边协定的冲突反映了欧盟追求的全球领导权与美国霸权的冲突。

跨大西洋关系的未来

通过历史比较,可以发现美欧之间的纷争既有历史分歧的延续,又有美国新政府政策的诱因。根本原因是随着欧洲一体化的发展,欧盟实际上已经成为美国霸权的重要竞争性力量,美国则试图维持其霸权地位,是一种结构性冲突。此次大西洋关系的危机具有显著的不同特点。

首先,此次大西洋关系的危机是全方位的,从经济、安全领域到政治价值观,而以往的大西洋关系的危机通常集中在某一特定领域。其次,美国对欧洲一体化的态度发生了根本性变化,意味着此次纷争动摇了大西洋关系的基础。最后,此次危机危害了美欧对"西方共同利益"的观念认同。

因此,除非欧洲一体化的进程发生逆转,欧盟作为美国霸权竞争者的趋势不会发生改变,美欧关系可能出现短时间的缓和与回暖,但从整体趋势来看,竞争与冲突的一面将会逐渐扩大。

(本文发表于 2018 年 6 月 15 日。原载于复旦大学中欧关系研究中心与上海欧洲学会联合发布的《全球竞争新格局下的欧盟:困境与未来》研究报告,原标题为《欧美之争:跨大西洋关系面临挑战》,此处内容略有删节。)

17. 英国的"脱欧国家模式"
会终结欧洲一体化吗?

李冠杰,上海外国语大学英国研究中心助理研究员

英国脱欧谈判始于 2017 年 6 月,双方在公民权利、北爱尔兰边界、财务结算、过渡期等问题上达成重要共识,但也有一些诸如解决争端的司法权、建立共管区等事宜仍存在分歧。无论双方以何种巧妙方式取得共识,英国脱欧的事实和脱欧谈判本身正在冲击 60 余年来的欧洲一体化。

新脱离先例将彻底摧毁欧洲一体化诸理论

2009 年底生效的《里斯本条约》为欧盟成员国开了一道退出之门,而英国的脱离先例是欧洲一体化诸理论的终结。

自 1951 年煤钢共同体建立以来,欧洲一直在探索如何能够消除敌对走向更团结的道路,相关理论也应运而生。欧洲一体化理论始于联邦主义,舒曼、莫内、阿登纳都致力于建设联邦欧洲。新功能主义理论成为解释欧洲一体化的关键理论,该理论认为:"一个部门的一体化会外溢到其他部门。"经过十五年的发展,欧洲在政治一体化上遇到瓶颈。很多研究者认为"高政治"意义上的政治一体化是不现实的,国家不会完全让渡主权,欧共体不可能成为超国家的行为体。

虽遇到困难,但欧洲一体化仍在国家与超国家的矛盾中前行。随着苏联解体,全球治理理论开始兴起,人们逐渐用多层治理理论来解释欧洲一体化,"地区—国家—超国家"的治理观念深入发展。然而问题是,地区欧洲的兴起让国家这个行为体感到不满,因为它在侵蚀国家的

主权,有分离倾向的地区纷纷借助欧盟的力量实现独立的夙愿。由于多元文化、地区发展、恐怖袭击、难民涌入等问题的出现,国家不得不考虑自身现实,根据《里斯本条约》开启脱欧也是一种政治选择。

英国脱欧公投虽无意于启动脱欧,但各种因素促成了脱欧现实。脱欧谈判将会让英国顺利离开欧盟,收回"国家主权"的英国也能更加及时有效地处理国内问题。英国的脱欧先例宣告了欧洲一体化的各种理论的失效。部门和领域的一体化之外溢效应从此终结,那条从经济一体化到政治一体化再到超国家乃至欧洲合众国的道路已经宣告失败,邦联主义的欧洲也无法实现,多层治理的欧洲也成了无根之木。各种理论均无法解释欧洲一体化,也无法给出一条明晰的发展路径。如若脱欧后的英国发展顺利,这种经验事实会彻底否定欧洲一体化的实践。到那时,各成员国纷纷依据英国脱欧先例开启脱欧,这并非不可能之事。

新地缘政治将重新塑造欧洲一体化的政治版图

随着全球化的深入,地缘政治不如先前那么重要,但并非无关紧要。对于欧洲一体化而言,特别是在欧盟东扩之后,欧洲的边界到底在哪里成为热议话题。欧盟的政治版图意欲延伸至土耳其、乌克兰等地,但内部问题频出的现实政治让其无法也无力再向外扩张。实际上,欧盟虽在倡导"多元一体",但无法紧密地联合起来。作为欧洲三巨头的英、法、德之间也存在重大观念分歧,欧盟的规范无法容纳英国这个在法律、传统和习俗等方面独树一帜的国家。英国最后以脱欧的方式终结了这种分歧。

英国脱欧必然形成新的地缘政治图谱。在过去一年多来的脱欧谈判中,边界问题是英欧谈判中的关键议题。然而由于历史原因,英国的领土边界非常复杂。在脱欧问题上,英欧需要妥善解决的是:英国在塞浦路斯的主权基地的法律适用问题和北爱尔兰与爱尔兰的边界问题。关于在塞浦路斯的主权基地问题,双方主要关注欧盟法律是否仍继续有效;关于北爱尔兰与爱尔兰边界问题,双方都赞成"软边界"而非"硬边界",保持现有条件下的交往流通。可以说,英国脱欧谈判正在重新塑造欧盟的地缘政治。

一方面,英国脱欧谈判意欲在英国与欧盟之间打造软边界,这种软边界让欧盟的政治版图变得更加模糊,这种模糊性指的并不是先前欧盟或欧洲版图"外延"的模糊性,现如今指的是其"内涵"的模糊性。在新的英欧关系框架下,英国与欧盟的界限到底在哪里,这仍是个棘手的问题。

另一方面,英国脱欧大概率不是唯一的案例,它会不经意间塑造"前欧盟成员国"这样的圈子。如果说之前欧盟在对外关系上把世界上的国家分为欧盟成员国和非欧盟成员国加以区分对待的话,那么今后欧盟不得不在两者之间加上前欧盟成员国这个群体。就对外关系来讲,欧盟与"前欧盟成员国"的关系比与"非欧盟成员国"的关系更加紧密。当然,最为亲密的是其内部的"欧盟成员国"之间的关系。

更重要的是,英国脱欧后新地缘政治的形成将压缩欧盟的发展空间。英国在摆脱欧盟"束缚"后开始打造全球英国,英美关系也会更进一步得以巩固,欧盟可能变成单纯的法德主导的欧盟,其活力和多元性会大幅降低。

新贸易协定将严重削弱欧洲单一市场效力与模式

英国脱欧谈判除了让英国通过法律程序顺利脱欧外,关键在于未来的英欧贸易协定上,也即在 2020 年 12 月 31 日过渡期结束后,英国和欧盟到底以一种什么样的贸易关系来相处。

诚然,英国退出了欧洲单一市场,脱离了欧盟的关税同盟,为的是能够自由地与其他国家订立贸易协定。但是,英欧贸易依赖性很强,英国几乎半数的贸易是与欧盟国家达成的。英国对欧盟贸易的依赖除了地缘因素外,最重要的是欧洲单一市场发挥的效力。身为欧盟成员国,英国就受到商品、人员、服务、资本的自由流通,对欧贸易便有了便利保障。

英国正在退出欧盟,也正在退出欧洲单一市场和关税同盟。对于未来的英欧贸易关系,英国试图推动打造新型贸易模式。特雷莎·梅给出的谈判目标是英欧之间建立一种全新的、积极的、建设性的伙伴关系,英国能与欧洲市场进行自由贸易。先前有人提出的挪威模式、加拿大模式、世界贸易组织模式等参考模式都被英国否决,英国非常自信地试图创造一种有示范效应的"脱欧国家模式"。但欧盟强烈意识到,未来英欧谈判贸易协定时必须保障欧洲单一市场的完整性和固有机能,四种自由不可分割。因此,英欧双方对贸易关系的愿景之间是一种更加先进的自由贸易协定与一种更加注重内外有别的保护性贸易协定的角逐和对峙。然而考虑到现实中英欧贸易关系的紧密性,未来的英欧贸易模式必然会更利于双方的贸易往来。

英欧达成的贸易协定越便利,其对欧洲单一市场的效力和模式的冲击就越大。英国脱欧后,将会充分利用和尽情发挥自身贸易体系的力量,这也是打造"全球英国"的重要举措。因此,脱欧后的英国与欧盟无意间成了自由贸易的竞争对手。尤其是,英国重新捡起自由贸易的旗帜,重塑与欧盟的贸易协定,这都对在关税同盟下的欧盟成员国形成压力,且暗中助长民粹主义兴起的欧盟成员国去追随英国模式。这当然是欧盟不愿看到的景象,但在实现英国脱欧软着陆的过程中,双方在贸易协定上务实有效的谈判却正在勾画和绘制这种贸易竞争的场景。

新公民权利冲击欧盟公民认同的力度

在英国脱欧谈判中,放在首位的并不是贸易模式、"分手"费用等问题,而是双方如何维持经历多年相互融合的公民生活不受到猛烈冲击,特别是如何保障在对方境内工作居住的公民权利。

虽然英国没有加入申根协定,但经过多年来的人员流动,英国和欧盟各自在对方境内的侨民逐步壮大了队伍。据统计,当前大约有 320 万欧盟公民在英国工作和生活,大约有 120 万英国公民在欧盟工作和生活。在脱欧谈判中,英欧双方都在为如何保护公民权益进行努力。双方在居住权标准、工作和拥有公司之权利、社会保障权等问题上达成一致,但仍遇到诸如继续认可职业资格、地方选举投票、像已定居在欧盟 27 国的英国公民那样有继续迁徙的权利等问题。英国为其公民在欧盟中更便利地工作和生活进行谈判,而欧盟机构无权干预英国如何对待欧盟公民,因为英国脱欧的本质就是要把这种主导权收回。

从谈判的内容看,英国旨在为其公民寻求一种"特权",这种"特权"将让英国人在欧盟取得便利;从归化公民的措施来看,英国正在把那些居住在英国境内的欧洲人有条不紊地转变成英国公民,给予在英欧盟公民很多权利。英国正在从行动上冲淡原本就不是很强烈的欧盟公民认同,它证明了欧盟公民认同不过是主权国家的临时性拼盘,而欧盟公民最终都会回到成员国认同的层面。

虽然英国国内各民族有着不同的地域观念,但总体上看,英国脱欧增强了英国国家认同。英国首相特雷莎·梅在 2016 年 10 月 5 日保守党大会上称:"如果你相信自己是个世界公民,那你就不属于任何地方。你不理解'公民身份'这个词的意思。"英国正在强化自身的民族性。然而,英国重新加强自身公民认同无疑是在削弱数十年来缓慢建立起来的欧洲认同。在欧洲一体化过程中,若不从制度层面增进欧洲认同,若欧洲公民仍是各成员国公民的集合体,欧洲就没有真正地一体化。在英国脱欧和强化英国公民权利的现实面前,努力实现一体化的欧盟毫无反击之力。

(本文发表于 2018 年 6 月 23 日。原载于复旦大学中欧关系研究中心与上海欧洲学会联合发布的《全球竞争新格局下的欧盟:困境与未来》研究报告,原标题为《英国脱欧谈判:如何冲击欧洲一体化?》,此处内容略有删节。)

18. 决策易、执行难：欧盟难民
危机的症结怎么破？

杨娜，南开大学周恩来政府管理学院副教授

在当前欧盟面临的所有危机中，难民危机带来的影响是最持久也是最突出的。来自中东北非的大批战争难民源源不断地涌入欧盟，导致西班牙、意大利、希腊、匈牙利等国首当其冲而爆发难民危机。与欧盟曾遭受过的任何其他危机不同，难民危机的根源不在欧盟内部，而在于中东和北非等地区的动荡。

获多数通过的难民配额制为何执行不力

在德国的倡议下，欧盟及成员国采取多种措施联合起来应对这一第二次世界大战以来最为严重的难民危机。德国曾成功带领欧元区国家共渡难关，在此次难民危机中，德国试图再次发挥主导作用。自难民开始大量抵达德国以来，迫于国内压力，默克尔呼吁在欧盟境内公平分配难民，主张引入配额制作为欧盟共同应对难民危机的举措。

2001年的《尼斯条约》改革了欧盟理事会的投票程序，扩大了有效多数表决机制的适用范围，将原来采用全体一致表决的移民政策纳入有效多数表决机制的范畴，在决策程序中有助于德国力推的难民配额制的通过。

欧盟内部在难民配额问题上出现了分歧，随着难民涌入的压力加剧，德国的西欧伙伴纷纷改变原来对配额制的支持态度。以匈牙利、波兰、捷克和斯洛伐克为代表的中东欧国家在接受难民方面持负面甚至强硬的态度。鉴于欧盟国家对强制性难民配额的立场差异以及对难民配额的履行艰难,在德国领导下推动实行难民配额制效果甚微。

配额制是欧盟应对难民危机的内部举措,对德国在难民危机中领导力的分析可以在两个阶段进行考察。

一是政策制定阶段或谈判阶段。根据自由政府间主义 * (liberal intergovernmentalism),经济利益、国家偏好与制度约束影响着国家间谈判的进度和结果。政策制定阶段配额制得以通过主要是由于:以德国为代表的一些成员国出于可获取廉价劳动力的经济利益考虑或在谈判阶段与德国进行利益交换;德国在欧盟的经济实力最强,在很大程度上决定了共同体国家间博弈的效率;危机爆发初期,成员国都渴望迅速解决难民问题,此时的偏好是相似的;理事会对于难民相关政策的投票程序从全体一致改变为有效多数。因此,虽波折不断,但配额制最终得以通过。

二是政策执行阶段。由于难民危机发酵,造成的严重后果是各国始料未及的,大量涌入的难民非但没有弥补国内劳动力缺口反而导致失业率提高,社会不稳定因素增加,执政党支持率下降。在这种现实情况下,成员国逐渐产生偏好分歧并不断加剧,在配额制执行阶段抵制或消极执行,且缺乏有效的制度监督,导致配额制的执行效果不佳。

欧盟—土耳其难民协议:向外转移难民成效不佳

欧盟应对难民危机的努力还体现在,德国积极推动欧盟—土耳其难民协议的签署。在欧盟内部难民危机解决方案收效甚微的情况下,德国将向外转移难民的希望很大程度寄托在土耳其身上。尽管土耳其的要价非常高,但在德国的大力支持下达成了协议。

然而,欧盟内部存在许多质疑声,欧盟—土耳其难民协议的执行情况也并不乐观。土耳其国内政治不稳定影响了难民协议的执行进度。难民流动模式的变化成为欧盟—土耳其难民协议执行困难的又一重要原因。

---

* 自由政府间主义是美国普林斯顿大学教授安德鲁·莫拉维切克在政府间主义的基础上进行修正和发展出的区域一体化理论。——编者注

欧盟—土耳其难民协议作为解决难民危机的外部举措。难民协议得以签署的条件之一就是欧盟向土耳其支付高达 60 亿欧元的援助款,欧盟经济状况最佳的德国自然成为这笔巨额资金的主要来源。其他成员国经济负担并未明显加重反而能纾解难民压力,自然支持欧盟—土耳其难民协议的通过。德国在积极推动该协议谈判通过的过程中发挥了领导作用。遣返部分难民回土耳其能够极大缓解各国的难民危机,成员国在欧盟—土耳其难民协议谈判中比较容易达成共识(偏好一致),加上采用有效多数表决机制进行表决,因此,该难民协议在欧盟理事会顺利通过并与土耳其共同签署。由于受到土耳其接收难民的进展缓慢、内政充满变数,以及难民进入路线变化等复杂因素的影响,难民协议的执行效果远不如预期,欧盟却不得不按照协议对土提供巨额援助。成员国对于欧盟—土耳其协议中欧盟付出代价的不满以及对协议执行效果的怀疑态度,造成欧盟内部对于该协议的偏好较决策阶段出现较大变化,偏好的差异性扩大。总之,欧盟—土耳其难民协议即使在德国的积极推动下得以签署,但由于执行的难度之大和效果堪忧,导致德国在欧土难民协议的执行中领导力不足。

欧盟还能有效应对难民危机吗?

在欧盟难民危机中,无论是配额制还是欧盟—土耳其难民协议,在决策时都获得通过,但在执行中却状况百出。为什么决策阶段和执行阶段出现脱节?

第一,决策采用有效多数表决机制,少数反对的成员国没有能力阻止政策的通过,但在执行中组成"敌对联盟",而原本立场动摇但在决策中对德妥协的国家,在执行中一旦遇到障碍,极易改变原来的立场,变为反对政策的一方。

第二,欧盟层面通过的决策具有强制约束力,如不履行,成员国将受到惩罚。但超国家行为体毕竟不同于主权国家,没有严格的中央政府与地方政府的上下级隶属关系。成员国在权衡利弊、认为执行成本大于收益时,宁可接受惩罚也拒不执行难民配额制。

第三,决策过程中,成员国代表投票只是根据国家整体利益行事,还有国家间利益交换与讨价还价。而在执行过程中,涉及国家层面和地方层面,多元化的地方利益、国内政治的复杂多变、政府将国内事务优先欧盟事务的态度都影响着欧盟难民决策的执行效果。决策与执行的脱节极大地削弱了德国在难民危机中的领导力。

对德国而言,领导欧盟有效应对难民危机,应从以下几方面着手。首先,减少欧盟其他成员国对其欧盟领导力的警惕,特别是对"德国的欧洲"的担忧。欧洲大陆力量均衡局面受到挑战,德国亟需强调在欧盟层面协调行动的前提下由德国提供所需区域公共产品,尽可能在欧盟治理框架下制定和执行有关难民危机的决议。

其次,强化法德合作。纵观欧洲一体化的发展历史,法国拥有强大的影响力,曾经主导着一体化的发展方向。虽然德国逐渐成为欧盟的经济和政治中心,但法国的作用仍不容忽视。在难民配额制的执行问题上,如若德国能够赢得法国的支持,则有助于其他强烈抵制配额制的成员国缓和态度;如能劝说法国因难民问题而改变抵制态度,则可能换来土耳其积极协助欧盟解决难民危机。

第三,寻找潜在的"志愿联盟",北欧国家、荷、比、卢、奥地利等国经济发展状况良好、政府治理能力较强、外交政策立场与德国接近、与德国地缘政治偏好相似,与这些国家结成"志愿联盟",在小范围推进配额制的执行,可发挥示范效应,有利于在整个欧盟推行德国领导的难民政策。

(本文发表于 2018 年 6 月 28 日。原载于复旦大学中欧关系研究中心与上海欧洲学会联合发布的《全球竞争新格局下的欧盟:困境与未来》研究报告,原标题为《难民之痛:难民危机中德国的领导力是否有效?》,此处内容略有删节。)

19. 改革 WTO：欧盟方案能否
加强争端解决机制？

姜云飞，上海社会科学院世界经济研究所助理研究员

继布宜诺斯艾利斯会议后，10 月 11 日在巴厘岛召开的二十国集团（G20）财长和央行行长会议继续对国际贸易体系的紧张局势保持关注，并呼吁维护多边贸易体系。由国际货币基金组织（IMF）、世界银行和世界贸易组织（WTO）联合发布的报告同样呼吁各经济体推动全球贸易一体化改革，重振多边贸易体系。WTO 的改革是其中最重要的内容，也引起国际社会的广泛讨论。

各方讨论中，只有欧盟在 9 月公布了较为具体的改革方案，即 WTO 现代化（modernisation）方案。该方案虽为欧盟单方面提出，并非 WTO 成员共识层面的产物，但作为一个具体的蓝本，很有可能引领未来的 WTO 改革讨论方向。

欧盟方案强调规则制定的现代化

在 6 月欧盟峰会讨论的基础上，欧盟委员会于 9 月 18 日公布了关于 WTO 改革提案的概念性文件，对于未来 WTO 在几个重要问题上的规则制定进行了详细的阐述。正如文件中所述，欧盟视 WTO 规则制定现代化为实施 WTO 现代化进程的核心支柱。在规则制定方面，也的确没有哪个经济体比欧盟更有经验，欧洲一体化的过程就是一个规则制定的过程，欧盟在成员国间平衡并寻求规则的统一方面经验独到，使得 20 多个成员国形成货物、劳务、资金和劳动力自由流动的统一大市场就足以证明欧盟的规则制定能力。

欧盟提案主要包括三方面的内容,即关于规则制定、常规工作和透明度,及争端解决机制的建议。欧盟强调的规则制定旨在更新 WTO 相关规则,并为规则的更新创造条件。文件指出,未来 WTO 的规则制定应该注重平衡系统和公平竞争、解决服务和投资方面的障碍,以及实现全球社会的可持续发展。关于常规工作和透明度的建议以及对争端解决机制的建议强调的也是规则制定。

关于常规工作和透明度,欧盟的目标是提高世贸组织的适应性和有效性,主张各国严格遵守产业补贴的通报(notification)要求,以增强各国贸易政策的透明度,通过提高对刺激贸易方法的识别和监督来解决市场准入问题,同时逐步调整 WTO 规则手册,并使无效的委员会逐步瘦身。

欧盟关于争端解决机制的建议受到各界广泛关注。根据争端解决机构协商一致的原则,美国在 2016 年一票否决任命新的上诉机构(Appellate Body)大法官,随后连续 12 个月阻挠现任大法官的合理连任,并且拒绝任期已满的大法官继续完成手头案件的审理,使得争端解决机制的上诉机构仅剩 3 名大法官,而这是审理案件所需法官数量的最低要求。2019 年 12 月会有另外两名法官任满,届时如果美国继续阻挠,那么上诉机构将无以为继,而作为世界贸易组织核心的争端解决机制也将失去效力。因此,欧盟在文件中指出,世界贸易组织的争端解决功能陷入危机,需要各成员迅速采取行动加以维护。

在对美国的关切进行详细梳理后,欧盟本着解决问题的原则提出了两阶段建议。第一阶段的建议基本是对于美国关切的逐条回应,旨在解锁美国对上诉机构成员任命的阻挠,包括加强 90 天诉讼期限的规定、在争端解决机制中纳入上诉机构成员的交接规则、改善上诉机构调查报告对于解决争端的针对性,为上诉机构和成员间就相关调查报告提供沟通渠道、改革上诉机构成员任期规定以提高机构成员的独立性。第二阶段的建议也与美国对上诉机构的指责有关,涉及就上诉机构的解释权对 WTO 相关规则进行修改或解释的实质性讨论。

欧盟主张中几个值得注意的问题

欧盟的这份提案除了上述内容外,有一些新提法和新动向也值得关注。

（一）"规则现代化"与"公平竞争"的新措辞

"规则现代化"的表述在欧盟虽属新措辞，但美国人对此却并不陌生。早在 2016 年的竞选宣言中，特朗普就多次表示美国签署的多个贸易协定已经过时，需要现代化。日前达成的《美国—墨西哥—加拿大协定》就是特朗普自 2017 年推动的"规则现代化"的标志性成果。还有"公平竞争"的表述，与美国提出的"公平贸易"如出一辙。事实上，美欧日三方的确在贸易政策上多有沟通，自 2017 年 12 月以来共召开四次贸易部长三方会议并在会后发布联合声明，此次欧盟建议的内容与 2018 年 5 月底声明的内容相似，9 月底声明的内容也基本一致。

（二）发展目标下实行灵活性的新方法

欧盟认为，WTO 三分之二的成员要求特殊与差别待遇，反而使得迫切需要发展帮助的国家的呼声被掩盖，导致这些国家在谈判中更难以妥协并成为阻碍谈判进展的工具，是 WTO 紧张局势的主要根源。

为了缩减灵活性适用范围，欧盟建议在现有的规则中采用"毕业"程序，鼓励成员积极退出特殊与差别待遇；在未来的协定中，除了最不发达国家之外，其余国家享有的弹性条款将不再是集体豁免，而是基于具体需求和证据。当成员对于现有协定要求额外的特殊待遇时，需要明确时间段和适用范围。

（三）加强通报的新举措及反通报的新手段

欧盟指出，WTO 超过一半的成员没有充分履行通报义务，使得各国贸易政策缺乏透明度。欧盟建议，延迟通报者应作出解释并对相关意见作出回应，而 WTO 秘书处应有权对相应通报和答复进行评价。对于故意且多次不遵守规定的成员需加以惩罚，可限制其参与 WTO 运作的权利，如担任各机构的主席等。

反通报（counter-notifications）在 WTO 的多个协定中有所体现。若有关成员未进行相关情况的通报，甚至在被提醒后也不打算通报，则其他成员可对该成员进行反通报。反通报其实是一种成员间相互监督的手段，但因使用时需要准备大量的研究而很少被使用。欧盟建议与其他国家一起准备反通报措施,并增加成员受到反通报的后果。此外,欧盟强调要强化贸易政策审查机制,建议审查报告详细介绍成员遵守通报要求的表现。

(四) 有限多边谈判的新方向

WTO 一共有 164 个成员,在很多问题上很难形成一致的决定。这也正是 WTO 的谈判职能已基本陷入瘫痪的重要原因。欧盟方案给出的建议除了加强规则制定和规则遵守外,还有关于谈判方式的建议,认为未来的 WTO 谈判可以体现灵活的多边主义概念:在可能的范围内,支持全面的多边谈判及达成的协定;在无法达成一致的领域,可以探索有限多边谈判的方式,这些谈判继续向所有成员开放。不过,后者涉及《WTO 协定》的修改,甚至创建新的协定。欧盟的这一建议是从自身发展找到的灵感,欧盟 28 个成员国就在不同领域存在不同的协定,如申根协定、欧洲经济与货币联盟等,都不是全部成员国签订的协定。

(五) 争端解决机制改革的新趋势

争端解决机制的设立被认为是世界贸易组织的最大成就之一,其实施主体争端解决机构在受理争端后设立专家组进行调查并出具专家组报告。争端各方若对专家组报告有异议,可向上诉机构提出上诉,上诉机构调查后形成的裁决经争端解决机构批准后,争端各方需无条件接受。

与现行的体制相比,欧盟的改革方案会使上诉机构更为强大。欧盟建议将上诉机构的人员数量由 7 名提升至 9 名,进而形成三个独立的司,可同时听取上诉,人员由现在的兼职转为全职并配套社保,任期由目前的四年一任且可连任两届改为 6—8 年一任,上诉机构的稳定性和独立性会有所增强。另一个趋势可能是争端解决机制的协商一致原则调整。虽然这一点在关于争端解决机制的说明中未有提及,但上诉机构法官任命受阻一事已经暴露目前的争端解决机制存在致命缺陷,而文件中也提到需要系统性的解决方案,以解决 WTO 成员反对上诉机构任命的问题。况且,文件在 WTO 规则制定程序的内容中就提到了有限多边谈判的建议,用于争端解决机制也顺理成章。

在 9 月 26 日召开的 WTO 争端解决例会上,美国的再次阻挠,导致上诉机构大法官斯旺森无法连任而不得不于 9 月 30 日离职,理由是美国指出 WTO 存在的诸多系统性问题仍未得到解决。尽管欧盟在 WTO 改革提案中对美国的关切逐条回应,但双方在 WTO 争端解决机制上显然仍有分歧。

事实上,欧盟对于争端解决机制的改革聚焦于上诉机构,形式上也是针对美国指责的小修小补,目的是保留现有体制甚至增强上诉机构的实力。显然上述改革建议并不会使美国满意,所以接下去对于争端解决机制的改革讨论还会继续。

(本文发表于 2018 年 10 月 18 日)

20. "黄背心"乱局不止背景下，
中法关系形成新态势

薛晟，上海外国语大学法语系讲师；
张骥，复旦大学国际关系与公共事务学院
外交学系系主任，法国研究中心副主任

2018年，法国对华政策可以用"新"来形容。年初，马克龙成了2018年首位访华的外国领导人。他在西安大明宫的演讲，奠定了2018年及他任期内的对华政策基调。在这一"新"基调下，法国对华政策中的两面性继续存在。一方面，作为重要合作伙伴，法国希望在国际社会扮演更重要的角色离不开中国的支持。另一方面，在经贸和政治层面，中法之间的一些矛盾依旧存在，双边互信仍需加强。中法双方要在新形势下拓展务实合作的新基础，推动中法关系行稳致远。

法国对华政策的新背景

在马克龙入主爱丽舍宫的第二年，马克龙的各项改革措施在国内受到了强大的阻碍，令其政府颇有些焦头烂额。而作为美国所发起的贸易战的受害者，法美关系一度处于非常微妙的境地。在马克龙决意为了重塑法国大国形象而选择与美国单边主义不同的道路后，美法关系也出现了改变。对于法国来说，这构成法国对华政策的背景。

国内改革受阻已经成为法国重新成为欧盟"领头羊"的最大阻碍。在马克龙当选总统之后，在内政问题上，马克龙急于改变法国长期以来经济不景气、失业率居高不下的状况，因而推行了一系列的改革措施。然而，其改革措施触及大部分普通民众的根本利益，这导致每一项改革措施都招致大规模的抗议游行。并且,在面对"黄背心"运动开始时的举措失当,加上在局面无法控制时采取的妥协,使得更多民众将"黄背心"作为一种极具象征意义的符号,不断试探着政府的底线。马克龙也被贴上了"富人总统"的标签。从目前看来,随着"黄背心"运动在新年之后又一次迎来了高潮,法国政府暂时无法走出这样的困局。这一系列因素成为马克龙在国内的支持率急转直下的原因,而其所在政党的支持率也降至创建以来的最低点。

为了改变这一局面,同时为了避免"黄背心"运动中提出的全民公决诉求,马克龙在新年伊始就推出了"全国辩论"的方案,在三个月的时间内,征询民众最为关切的"辩题",并进行辩论。同时,在新年致辞中,马克龙宣布将在 2019 年推进包括退休政策、失业保险金以及公共服务在内的三项重大改革措施。从以往的经验来看,其中任何一项改革措施都会引发大规模的罢工及抗议游行活动。除去前三个月的辩论期以及法国传统的暑期,在将超过半年的时间内想要推进这三项改革措施,对于马克龙及他所领导的法国政府来说,难度相当大。

然而,对马克龙有利的是,其政党依然保持了对他的维护,并且在其政党内,团结了大部分传统左派和右派的重要人物。从现在的情况来看,不论是传统政党还是极端政党,都难以与其领导的"共和国前进"运动形成真正的竞争。

内政失意的马克龙试图通过外交改变这一局面。在英国脱欧、默克尔艰难组阁的情况下,马克龙试图重新建立法国在欧盟的"领头羊"地位,而欧盟也需要有一个能够领导其共同抵御美国及其单边主义推动的贸易战对欧洲一体化带来的冲击。而法国外交呈现的"开放的独立外交"特点,正符合这一需求,因此,在诸多外交场合,马克龙都以欧盟领导人自居,代表欧盟发出声音。欧盟内部的诸多不和谐因素使得在中欧关系中,中法关系显得更加重要。

2018 年中法双边交流加深

在 2018 年,中法两国交流体现出增长的态势,中法两国高层之间的交流几乎贯穿了全年。在新年伊始的访华让马克龙成为 2018 年中国接待的首位外国领导人,而其行程一方面体现了积极参与"一带一路"倡议的积极态度,另一方面其访问时间也超过了奥朗德和萨科齐,并且提出了每年都能访问中国的希望,体现了加强中法之间交流合作的积极意向。同时,马克龙同习近平主席分别于 3 月 22 日、10 月 9 日及 11 月 19 日三次通电话,并在 12 月的二十国集团(G20)峰会中再次见面,而法国总理菲利普则在 6 月 22—25 日进行了他就任总理之后的首次访华。法国前总统奥朗德也在 5 月 25 日到达中国,并进行为期 5 天的非正式访问。

法国前总理拉法兰在 2018 年多次来到中国,并参加了由法国农业部长迪迪埃·纪尧姆(Didier Guillaume)带队的上海进博会。法国前总理德维尔潘(Dominique de Villepin)也分别于 6 月和 9 月两次来到上海,并于 10 月出席了在杭州举行的 2018 杭州湾论坛以及 12 月在三亚举行的 2018 三亚·财经国际论坛。同时,2018 年 11 月 19 日,在中法两国的共同决定和推动下,中法环境年在北京启动。在人文交流层面,中法高级别人文交流机制使得两国在人文交流持续保持高水平运行。在文化、体育、艺术等各个方面,2018 年,中法两国的交流保持非常高的热度。这无疑为中法关系持续发展注入了活力和动力。

对华"新"政策

在上述背景下,法国在对华政策中,体现出既合作又防范的态势。在合作层面,法国表现了对"一带一路"倡议的强烈合作意愿。2018 年年初马克龙的访华首站就选择了丝绸之路的起点——西安,并在大明宫的讲话中,表达了强烈的合作意向。

然而,这种意向的表述中,仍然不免法国人与生俱来的傲慢,颇有些指导中国的意味。马克龙的中国之行可以说是带着收获回去的,但是,这样的收获似乎并没有达到法国的预期。然而,仅仅是口头的表述并不能完全代表法国对华外交政策的全部。法国对于中国在合作的前提下依旧体现出对于中国的防范。自 2017 年起,法国就通过欧盟加强外国投资审核,虽然这一提案并非法国所主导,但是,法国也是其积极的响应者,而这一审核系统的目标也直指中国。

在"一带一路"倡议下的合作意愿,法国也更关心中法在非洲的合作。马克龙在 2018 年 8 月 27 日面向所有法国外交官的讲话中提到的"非洲国家是我们的盟友,在非洲国家,我们能够重新找到(贸易)平衡"。这也是法国意图将非洲法语国家视为平等国家,从而减少援助提供了借口。然而,作为法国不愿意放弃的"后花园",非洲对于法国来说,是一个极具潜力且有助于法国重新找到贸易平衡的市场。因此,中国的"一带一路"倡议对于法国在非洲的利益将带来极大的助力,对于中国"一带一路"倡议在非洲的对接,法国是持欢迎态度的,也希望借助"一带一路"倡议,在非洲的利益上分一杯羹。

与此同时,法国更希望的是能够以他们的意识形态建设一个属于他们的非洲。这也是马克龙在大明宫讲话及其他不同场合纷纷表示的,希望中国能够帮助非洲完成基础设施的建设,而法国及其他欧盟国家,在软实力上帮助非洲。这无疑是希望加强非洲法语区国家在语言、文化、政治制度等层面对法国的认同程度。法国在长时间的经济低迷后,已经无力对非洲提供更多硬件上的援助。因此,在资金投入较少且能在对法国认同度提供较大助力的软实力上,将是法国在对接"一带一路"倡议上在今后工作的重点。

对于"一带一路"倡议,法国不仅想做一名参与者,在英国脱欧之后,法国在寻求欧盟"领头羊"的位置时,同时也不忘在对接"一带一路"倡议过程中,希望能够领导欧盟一同参与这一重大机遇。

法国在参与"一带一路"倡议时还一直寻求着"再平衡"。对中国的直接投资,尤其是在中国资本的并购提出技术转让上设置壁垒。在"再平衡"上,法国也意识到中法贸易上存在结构性的问题。在诸如核能、航空、汽车制造等传统领域,法国对华贸易已经到了一个瓶颈。虽然随着双方的努力,法国对华贸易逆差保持在 300 亿欧元左右的水平,然而,在诸如金融、农产品、养老等新领域的开拓上,法国在面对其他国家的竞争上并没有占到优势。

在环保层面,法国还期待与中国的进一步合作。在美国退出《巴黎协定》之后,法国并没有足够实力支撑起《巴黎协定》的落实,因此,中国成了法国在维系和落实《巴黎协定》上最为重要的伙伴。

对于进博会,法国虽然建立了国家展区,然而在高级官员层面,除了法国农业部长迪迪埃·纪尧姆之外,仅有前总理拉法兰出席。而任命迪迪埃·纪尧姆为团长的行为也可以预见,在未来,法国将趁着法国牛肉再次进入中国市场的东风,进一步在农产品上打开中国的市场。

在 5G 的态度上,法国对于中国的防备更深。自从华为进入法国之后,法国政府就秉承了英国对于华为的态度,对于华为在法的业务进行"密切的关注"。然而,这也并不意味着华为在法国无所作为。已经在法国立足的电信公司 Free 将应用华为的 5G 技术搭建自己的 5G 网络。

展　　望

在高举"戴高乐主义"的独立外交思想下,随着两国国家实力、国际地位和国内情况的变化,两国之间的关系形成一种新的态势。从马克龙当选以来推行的对华政策来看,对于中国,马克龙既有需要加强合作的意向,也有需要依赖中国的地方,同时对于中国也有颇多的防范。虽然高举着全球化的大旗,然而,对于马克龙来说,法国的利益仍然是最为重要的。

可以预见的是,在未来,法国仍然会积极参与"一带一路"倡议,然而,这种参与并防范的新关系在短期之内不会改变。

在贸易问题上,法国政府也非常了解法国企业的竞争力,因此,在未来,一方面会继续试图在一些新的领域开拓中国的市场,或是在传统领域,寻找新的突破点;另一方面也会仍然要求中国给予法国企业在华投资各种优惠政策以使得它们能够在国际竞争中获得优势。

对于中国资本在法国的投资,法国依然会采取谨慎的态度,在希望吸引中国资本投资以创造更多就业岗位的同时,对于中国的技术封锁仍然不会减弱。并且,在某些中国占有优势的科技产业中,法国的态度也存在两面性,在利用中国技术的价格优势的同时,会采取相应的防范措施,以防中国在法国市场做大。这种做法,一方面是对于其大西洋盟友关系的回应,另一方面又是从其自身利益考虑作出的抉择。

鉴于法国在 5G 和中国资本在欧洲投资上,在欧盟层面已有推动形成对华不利的提案的先例,日后是否会在欧盟继续牵头提出对于中国不利的提案,我们还需要谨慎防范。

　　同时我们也要看到,国际格局正在发生深刻的变革,在特朗普政府"美国优先"、单边主义盛行,实施一系列"退群"政策的新背景下,法国试图高高举起多边主义的旗帜,中法在维护多边主义、加强全球治理合作,以及维护国际战略平衡方面有了新的合作动力和需求。中法双方要在竞争领域积极管控分歧,做大共同利益的蛋糕;在双边、地区和全球层面,拓展以共同维护多边主义为基础的合作关系。

　　(本文发表于 2019 年 1 月 20 日。原载于复旦大学中欧关系研究中心与上海欧洲学会联合发布的《欧盟及其成员国对华政策报告(2018)》,原标题为《2018 年法国对华政策报告》,此处内容略有删节。)

21. 疫情袭来，欧盟紧急推出
宏观政策能否拯救经济?

姜云飞，上海社会科学院世界经济研究所助理研究员

随着新冠肺炎疫情在欧洲的蔓延，欧盟经济受到的影响日益明显，受影响的行业已从初期的外贸行业和旅游业蔓延至运输业及餐饮业等诸多行业。上周欧洲股市的大幅下跌是最为明显的标志，受新冠肺炎疫情蔓延和原油价格动荡的双重影响，欧洲股市剧烈震荡，对于经历过主权债务危机及经济低迷的欧盟来说，金融市场的剧烈动荡足以牵动决策者的神经。

同时面对疫情和经济两条战线

由于疫情在国内蔓延，意大利总理孔特于 3 月 8 日宣布"封城"并于次日宣布"封国"，欧美股市随之大幅下跌。欧盟委员会于 3 月 10 日表示，"会利用可用的一切工具确保欧盟经济渡过难关"。

此前，英国、意大利和德国等欧洲国家政要都曾宣示，会采取一切必要措施应对危机。欧盟委员会主席冯德莱恩指出要同时面对新冠肺炎疫情和受影响的经济这两条战线。她指出，经济困境也是由于新冠肺炎疫情导致的，并用了"难关""风暴"的字眼，证明她判断这种影响是短期的。虽然欧委会并没有直接提到金融市场的动荡，但这种宣言性质的政治表态也恰恰是在股市暴跌之后的第二天作出的。

欧洲央行的判断也在股市暴跌后明显转变。此前，欧洲央行发表声明称，新冠肺炎疫情的快速变化给欧元区经济前景和金融市场运行

带来风险。欧洲央行正密切关注疫情发展及其影响,并准备在必要时采取恰当和有针对性的措施。股市暴跌之后,在 3 月 12 日如期举行的欧洲央行货币政策会议中,欧洲央行行长拉加德进一步警告称,除非对新冠肺炎疫情采取紧急行动,否则欧洲将面临与 2008 年金融危机类似的重大经济冲击。

可见,在金融动荡发生后,欧洲央行对新冠肺炎疫情的判断发生了改变,从之前中性风险改变为可能引发金融危机的重大风险。

财政、货币政策双管齐下应对冲击

股市暴跌后,欧盟迅速推出一系列财政政策,欧洲央行也推出货币政策,应对新冠肺炎疫情带来的经济冲击。

(一)财政政策方面:放松财政约束,推出投资计划

根据欧委会公布的资料,其在财政政策方面的应对主要在以下三个方面。

第一,放松对政府补贴的约束。欧盟对于成员国的政府补贴具有严格规定,额外的政府补贴需要获得欧委会批准。为了鼓励成员国应对疫情,欧委会允许政府对于受疫情冲击严重的企业提供补偿、为中小企业提供应急资金,及为银行提供必要支持,目的是确保政府补贴能够流向真正需要的企业。

第二,放松财政支出的约束。新冠肺炎疫情导致经济困境,意大利等国出台经济刺激计划,无疑会增加财政赤字占比及改变财政支出结构。根据 3 月 16 日欧盟经济专员的介绍,欧盟和成员国层面的可用财政额度将很快得到上调,政府担保及延期收税等资金额度将增至国内生产总值(GDP)的 10% 以上。

第三,推出应对新冠肺炎疫情的投资计划。该计划旨在支持医疗体系、中小企业、劳动力市场及经济中的其他脆弱方面。投资计划总额250 亿欧元。

（二）货币政策方面：利率不变，增加购债，放松银行资本金监管要求

在3月12日召开的货币政策会议上，欧洲央行公布了最新的全面货币政策工具组合。新举措主要在四个方面：一是增加临时性长期再融资操作，向欧元区金融市场立即注入充足的流动性。二是推出新的定向长期再融资操作（TLTRO-III），自2020年6月至2021年6月，以鼓励银行授信于受疫情影响严重的实体，尤其是中小企业。三是增加购债规模，至2020年底增加1 200亿欧元的债券购买。四是临时放松银行业监管在资本金及流动性比率等方面的要求，方式是银行可以充分运用相关指令下的缓冲举措，欧洲央行对于采取这些举措的银行将给予优惠及操作灵活性。欧洲央行对于市场关注的利率维持不变。

欧盟政策整体效果或有限

实际上，欧盟2019年的经济增长已经较为缓慢，德国经济低迷，意大利处于零增长的边缘。新冠肺炎疫情使得欧盟经济雪上加霜，虽然欧盟的应对举措具有可圈可点之处，但整体的效果可能有限。

第一，放松财政约束增加了成员国政府的操作空间，但会加重政府赤字。在意大利等国的强烈要求下，欧盟放松了对成员国政府的财政要求，这无论对于应对疫情，还是对于救助国内经济都具有重要价值。不过，对于意大利、西班牙、葡萄牙等债务占比已经较高的国家而言，增加政府支出会导致债务进一步高企。欧盟层面仍然缺乏针对具体国家的转移支付机制。

第二，应对疫情的投资计划效果存疑。该项投资计划总额250亿欧元，其中75亿欧元为启动基金，试图以此带动其余175亿欧元投资的流动。但这75亿欧元并非新增资金，而是现存于欧盟各成员国账户上的钱，是上年度欧委会拨付给成员国但没有用完的资金，原本需要在2020年归还欧委会。现在为了应对经济困境，欧委会试图取消这笔资金回收。不过，这笔资金能够迅速进入结构基金规划下的投资领域，能比新的预算资金提前不少时间到位，对于应对短期冲击而

言具有积极性。

第三，欧洲央行政策反应稍慢。与英国和美国等紧急降息的操作不同，欧洲央行并没有专门为股市动荡召开议息会议，部分原因在于新冠肺炎疫情的蔓延使得欧洲央行的日常工作也受到影响，欧洲央行甚至有一位工作人员确诊感染，使得100多人被隔离，各国的央行行长也是尽量减少出行。

第四，重视货币传导机制建设，但银行风险也会增加。欧洲央行此次不降息的原因在于负利率下缺乏降息空间，因此转而通过定向长期再融资操作，强调货币传导机制。这一做法受到包括前欧洲央行行长特里谢(Jean-Claude-Trichet)在内的经济学家的赞赏。该操作试图长期维持授信规模，并给中小企业贷款的银行给予更多利率优惠。不过，欧元区的银行体系曾在债务危机后受到重创，不良贷款率较高，动荡的股市与实体经济都会增加银行已经非常沉重的负担。

（本文发表于 2020 年 3 月 19 日）

22. 英政府抗疫满意度全欧垫底，
保守党做错了什么？

朱联璧，复旦大学历史系副教授

6月初，英国保守党支持率颇为戏剧性地下滑。仅仅2个月前，保守党的支持率还在50％以上，领先工党超过20％，而2个月后这一优势就缩小到了5％，迫近英国首相约翰逊成为保守党党首以来的最低支持率。而在另一项民众对政府抗疫支持度的民调数据中，英国民众对保守党抗疫政策的满意率在3月下旬一度高达70％，但在6月初下降到了40％，为全欧洲最低，也低于美国。

为什么保守党短期的支持率下滑如此显著？这与自2015年大选以来，保守党政府长期处于"竞选状态"，主攻舆论宣传，而缺乏治理对策有关，以至于面对脱欧、抗疫与对华关系等问题时宣传先行，行动滞后，导致疫情暴发后民意支持率波动剧烈，具体表现在三组矛盾上，即在脱欧中拥抱世界，以弱势的政府领导强势的议会，以及政治宣传和现实的分裂。

在脱欧中拥抱世界

英国虽然在2020年1月31日完成了名义上的脱欧，但英国和欧盟未来的关系走向并不明朗。作为坚定的疑欧派，约翰逊在脱欧公投之前的舆论战中一直强调的是留在欧盟对英国的负面作用，尤其是欧洲移民的负面作用。约翰逊的支持者预期的是脱欧之后生活在一个移民锐减，经济、民生、就业等方面都有显著改善的英国。

然而，新冠肺炎疫情的到来让约翰逊这套说辞的漏洞充分暴露。

无论是因为脱欧缺席欧盟的防护用品采购会议，还是大量欧洲移民人口流失引发的医护人员和非技术性劳动力短缺，都让英国在此次抗疫中十分被动。以至于近期约翰逊甚至呼吁欧洲工人回到英国工作，一改过去排斥欧洲移民的论调。

这种"脱离欧盟、拥抱世界"的论调在特雷莎·梅担任首相期间也曾出现过。无论是积极参与国际事务，还是拉近和美国特朗普政府的关系，都是为了达成这一目标。对英国而言，如果要放弃欧盟，难免需要回到英国加入欧共体之前的外交策略上，即全方位加强和前英帝国控制地区的联系，如加强和美国各方面的联系，加强和英联邦国家及地区之间的联系，可以将之解读为 21 世纪的"三环外交"。

约翰逊对香港事务的态度便是这种论调的体现。约翰逊不断发表涉港言论，但在发表这些言论的同时并不愿意放弃和中国在经济问题和全球气候变化问题上的合作，是英国政府所谓"拥抱世界"的另外一条线路。

细看约翰逊对香港事务的解说，会让人恍惚以为他生活在鲁德亚德·吉卜林*（Joseph Rudyard Kipling）的时代，向民众解说"白人的责任"。而随着过去一周"黑人的命也是命"（BLM）这一社会运动从美国蔓延到英国并愈演愈烈，英国民众对"帝国遗产"负面情绪的表达，与约翰逊所勾勒的帝国旧梦形成明显的冲突。

约翰逊这番言论不仅违背自身立场和承诺、违反国际法和国际关系基本准则，也与保守党的政策立场冲突。早在前首相玛格丽特·撒切尔执政时期，保守党就已经通过立法限制持有英国海外公民护照的人获得英国公民权。外交大臣多米尼克·拉布（Dominic Raab）在 2 日的议会辩论中就对香港问题明确表达了与约翰逊不同的意见。这种对可能涌入大量移民的担忧，乃是支持约翰逊、支持脱欧和支持保守党的民众的主流立场。

换言之，约翰逊的相关言论挑战了一直以来保守党的政策立场，要成为现实并不容易，不能排除是为了转移英国国内对政府抗疫不力的

---

* 19 世纪末至 20 世纪 30 年代的英国作家，部分作品被指责带有明显的帝国主义和种族主义色彩。——编者注

愤怒,通过重新唤起支持保守党的民众对帝国时代的记忆,来获得他们对政府的支持,是一种对内的宣传策略,而非实际的政策目标。

弱势的政府领导强势的议会

约翰逊与拉布在香港事务上缺乏共识这一点,同样暴露了保守党作为拥有议会下院绝对多数的执政党存在的内部问题,即缺乏党内共识。这在约翰逊的首席顾问多米尼克·卡明斯(Dominic Cummings)违反政府规定,于3月底驱车数百公里将家人送往杜伦避疫一事曝光后表现得更为明显。

《星期日泰晤士报》在3月中旬爆出卡明斯在2月底已经表现出对"群体免疫"方案的青睐后,舆论已对卡明斯这样一位未经民选的顾问是否过多影响政府决策发出质疑。5月下旬多家媒体报道称卡明斯在3月底违反规定长途旅行后,保守党内部有多达98名保守党议员批评了卡明斯的行为,有45人要求他辞职。如此激烈的回应可以看成对卡明斯和约翰逊的高度不信任。

然而,约翰逊不仅同意卡明斯在首相官邸内举行新闻说明会,还以不同方式表达对他的支持,希望民众向前看,不要过度聚焦在卡明斯的个人行为上。但这已经无法改变民众对卡明斯的不满,对保守党政府的不信任和对约翰逊能力的怀疑,促使保守党的民意支持率进一步下跌。

尽管约翰逊领导保守党在2019年的大选中赢得压倒性的胜利,看似为英国议会议决脱欧有关事项提供了一条快速通道。但自从约翰逊3月底确诊感染新冠肺炎病毒,到4月26日回到首相官邸工作,在这长达一个月的时间内,政府内部出现了权力真空。虽有外交大臣拉布代行首相之职,但缺少统治国家的正当性。加上脱欧谈判由于疫情停滞不前,新冠肺炎病毒检测能力提升缓慢,死亡人数不断攀升并超过2万的心理界限,都加剧了民众对政府的不信任,要求政府检讨是否对疫情的反应过慢。

虽然约翰逊重回唐宁街时,英国的确诊人数和死亡人数增速初步表现出了放缓的趋势,检测能力也有所提高,但对政府的怀疑声浪并未消退。而在约翰逊重回工作岗位一个月之后，无论是脱欧谈判的进度，还是英国政府抗疫的成效，都无法令民众满意。当约翰逊政府宣布在5月上旬逐步解除对人口流动的限制，恢复各类公司机构的线下服务之后，苏格兰首席大臣妮可拉·斯特金(Nicola Sturgeon)公开表示，约翰逊政府给出的解封之后的各类抗疫建议不够明确，因此苏格兰将自行决定如何按下重启键。结合在英国正式脱欧后斯特金再度将苏格兰独立公投提上日程，以及苏格兰在此次抗疫中的表现优于英格兰，都在为苏格兰进一步寻求独立、拥抱欧盟埋下草蛇灰线。

这意味着，即便拥有一个保守党占据绝对优势的议会，约翰逊领导的政府已经失去部分党内同僚和部分原来支持者的支持。律师出身的新任工党领袖凯尔·斯塔莫(Keir Starmer)没有前党首杰里米·科尔宾(Jeremy Corbyn)的政治包袱，在上任不到两个月的时间里赢得了大量民众的支持。从双方的支持率看，斯塔莫在上任之初的支持率落后约翰逊将近25%，至6月上旬，双方支持率已不相上下。民众对约翰逊的不满有可能转变为对斯塔莫的支持，也就意味着即便保守党在议会下院拥有多数，也要继续加强舆论引导，以确保下次大选依然能得到选民青睐。

政治宣传和现实的分裂

对以竞选为中心的西方政党来说，民意支持率下降是非常值得警惕的事。开动宣传机器是保守党过去五年里频繁采取的手段。实际上，从2015年大选以来，作为执政党的保守党长期维持在"竞选状态"，而非执政状态。短短四年多时间举行了三次大选，更换了两次党首，直面极具破坏力的脱欧公投，是这种"竞选状态"迟迟无法解除的重要原因。

特雷莎·梅和鲍里斯·约翰逊恰好又都是温斯顿·丘吉尔的拥趸，热衷效仿丘吉尔发表具有鼓动性的演说。这点在约翰逊的身上表现得尤为显著。自新冠肺炎疫情发生以来，约翰逊频繁利用个人社交媒体和官方媒体发表讲话，积极参与疫情发布会，创造了许多向选民喊话的机会。

　　随着 1 月 31 日英国正式脱欧,4 月初科尔宾下台,保守党的宣传政策中最常攻击的两个"稻草人"——欧盟和科尔宾先后倒下。重温帝国旧梦,给予英国本土主义者(little Englander)以幻想成了新的宣传策略。但无论演说多么具有煽动性,议会辩论多么精彩,新发明的政治修辞多么有说服力,如果没有可行的方案支持,那么宣传都只是空头支票,无法解决长期存在的结构性矛盾。原本用于攻击科尔宾个人的策略,也不适用于斯塔莫,导致宣传内容脱靶。

　　而在英国的疫情不断恶化之后,为了安抚民心,约翰逊的讲话不得不以今日之我消解昨日之我,为政府最新的政策提供合理性解释。从拒绝封锁全国到全面封锁,从呼吁民众不要戴口罩到强制在公共场合使用面部遮盖物,从限制检测到全面放开检测和追踪,这些变化都发生在短短三四个月之内。即便约翰逊强调以政府的专家顾问团队作为决策的依据,但无论是提供依据的帝国理工大学教授尼尔·弗格森(Niall Ferguson),还是在政府内协助他决策的多米尼克·卡明斯,都被曝出违反政府保持社交距离的规定,打击了民众对政府决策的信心。即便约翰逊每次面向全国民众的讲话都充满激情,信誓旦旦,但前后矛盾、语焉不详的呼吁的说服力日益降低。

　　而且,长期处于"竞选状态"也加剧了社会内部的分裂。政治话语中不断塑造他者,反复以投票的方式让选民确认立场,虽然是英国式民主的运作常态,但也削弱了两党在重大问题上追求共识的可能。无论是脱欧还是新冠肺炎疫情,对英国而言都达到了"全国性危机"的程度,但两党并未尝试过回到"战后共识",或建立"国民政府"的方案上去,选择继续攻讦对方的短处,而非寻求具有建设性的解决方案。

　　新冠肺炎疫情发生后,少数族裔的高死亡率让英国社会的不平等和结构性矛盾再度浮出水面,让保守党政府对过去成就的宣告变成了讽刺。以解决经济的手段解决公共卫生问题的做法,虽然理论上可以帮助很多未感染病毒的民众度过经济上的困境,却无助于约翰逊政府回避民众对英国抗疫不力的质询。

　　如何将工作重心从竞选转移到治理,对约翰逊领导的保守党政府来说是迫切需要解决的问题。在一个不同群体之间裂痕逐渐加深的社会,执政党和在野党寻求最大公约数的难度日益加大,因为寻求公约数会动摇多年以来保守党使用的以宣传代替治理的做法中所用话语的可信度。如果约翰逊还记得丘吉尔为何在 1945 年的大选中下台, 也就应该能理解, 好的演说家如果无法解决民生问题, 那么选民也会把票投给他们认为有能力解决民生问题的党派和政治家。

（本文发表于 2020 年 6 月 19 日）

23. 紧锣密鼓推"战略指南"，
欧盟防务自主有戏吗?

杨海峰，上海欧洲学会秘书长

欧盟近期在防务领域动作频频、消息不断。10 月 21 日，在欧盟防长会议上，欧盟外交与安全政策高级代表博雷利(Josep Borrell)与成员国国防部长强调，目前紧锣密鼓推进中的"战略指南"(Strategic Compass for Security and Defence)具有重要意义，提出"如果有足够的政治意愿，对于欧洲防务来说，明年将是一个转折点"。

这是对欧盟委员会主席冯德莱恩 9 月 15 日发表的她上任以来第二份"盟情咨文"(State of the Union)的回应。与其第一份几乎完全没有触及防务问题的"盟情咨文"相比，冯德莱恩在题为《让我们联盟的精神更加强大》的第二份"盟情咨文"中花了显著篇幅详细论述了防务事宜。这对一位欧盟委员会主席及其"盟情咨文"来说，并不多见。尽管在欧委会前主席容克时代，比如 2016 年和 2017 年的"盟情咨文"里，也比较明确地谈到过欧洲防务基金、永久结构性合作机制、欧洲防务联盟等重要问题，但大多是寥寥数语。

我们知道，欧盟计划在法国担任欧盟轮值主席国期间的 2022 年 3 月举办防务峰会并正式通过"战略指南"。那么，欧盟防务在过去究竟走过了怎样的发展之路，何以将在 2022 年迎来转折点，又会否在 2025 年建立一个成熟的欧洲防务联盟?

欧盟防务发展的三级跳

1991 年 12 月的欧共体首脑会议通过《马斯特里赫特条约》，正式建立共同外交与安全政策,并在欧洲一体化历史上首次提到可能形成一个共同的防务政策,进而在将来可能实现共同防务。自此之后,从1999年科隆首脑会议确定的欧洲安全与防务政策(ESDP)到共同安全与防务政策(CSDP),欧盟在防务领域的体系和能力建设取得一系列进展。

2009年生效的《里斯本条约》成为共同安全与防务政策发展史上的里程碑,其一方面将已有共同安全与防务政策和科隆峰会以来的所有发展都纳入共同外交与安全政策中,另一方面又增加了许多重要的新条款,创建了欧盟外交与安全政策高级代表及欧盟对外行动署。

共同安全与防务政策包含永久结构性合作、相互援助和团结三项条款,其中永久结构性合作是唯一的实质性军事合作条款,它同时也构成另外两项条款的基础。欧盟外交与安全政策高级代表在负责共同安全与防务政策的同时还是欧盟委员会副主席、欧盟外长理事会主席等,其多重身份使其有可能掌握更多必要的资源,推动欧盟防务的发展。

2016年的《欧盟外交与安全政策的全球战略》以及其后如《欧洲防务行动计划》等具体防务政策推出后,欧盟防务领域的发展进入了快车道。较为显眼的发展成果有四点。第一,欧盟设立每年10多亿欧元的欧洲防务基金,促进防务领域的研发及产业发展。欧洲防务基金用于协调、补充和扩大成员国的防务研发投资以及国防设备与技术的采购,帮助成员国减少防务领域的重复投入。

第二,欧盟设立欧洲和平基金,扩充欧盟危机管理工具箱,为具有军事或防务性质的对外行动提供经费。欧洲和平基金在2021—2027年的预算是50亿欧元,由成员国提供。该基金首次允许欧盟以援助方式在目标国开展共同安全与防务任务与行动。

第三,欧盟启动由绝大多数成员国参与的防务领域永久结构性合作机制。该机制引导成员国共同发展防务能力、投资防务项目及提高军事实力,定期增加国防预算,将全部防务支出的20%进行防务投资;约2%的防务支出用于共同防务研究与技术,并联合对外派遣军队。该机制获得欧洲防务基金的资金支持,相关资金被用于采购防务装备和引进技术、支持研究项目。到2020年,永久结构性合作已经通过47个项目,包括培训与设施项目有10个,陆军和海军系统项目各6个,空军系统项目 4 个,网络与指挥自动化系统项目 8 个,联合与有效能力项目 11 个。

第四,欧盟持续开展危机管理任务行动。这些行动覆盖全球多数大陆和地区。有 17 项任务正在进行,部署了大约 5 000 人,主要开展维和、冲突预防、加强国际安全、支持法治、预防人口贩卖和走私等行动。

欧洲安全和防务方面的专家丹尼尔·菲奥特(Daniel Fiott)曾将欧洲共同安全与防务政策的历程划分为诞生与创始、孩提以及青春与成熟三个时期。从另外一种角度来说,欧盟防务发展之路分别以 1999 年的《关于加强在安全与防务领域的共同欧洲政策的宣言》、2009 年的《里斯本条约》,以及 2016 年的《欧盟外交与安全政策的全球战略》为起始标志,实现了三级跳,尽管这种三级跳的整体距离或者高度可能仍然有限,欧盟防务发展是否真正进入了青春甚至成熟期仍然存疑。欧盟防务需要在 2016 年进入快车道后迎来一个换挡提速甚至超车的转折点。

欧盟防务发展将迎来转折点?

冯德莱恩在 2021 年的"盟情咨文"中提到了防务建设下一步需要推进的三个具体案例:联合情势感知中心(Joint Situational Awareness Centre)、防务装备互用性和网络防御政策。

欧盟自实施共同安全与防务政策伊始,就以西欧联盟的原有部门为基础,设立了为决策提供服务的情势感知机构。在北约前秘书长索拉纳担任共同外交和安全政策高级代表及欧盟理事会秘书长时期,政策计划和早期预警部门(Policy Planning and Early Warning Unit)是辅助其实施共同外交与安全政策的机构。该机构承担的主要职责包括监测和分析相关地区的事态发展,并预测潜在的危机;及时提供对欧盟外交和安全政策有重大影响的事件和事态评估;进而负责有关决策的筹划、研究与修订,并提出意向性的文件。

除此之外,欧盟于 21 世纪初在索拉纳领导的理事会秘书处下设立了欧盟军事参谋部情报司(EUMS INT),其组成包括成员国调派的军事专家等,为早期预警、情势评估、战略计划提供军事方面的情报服务;欧盟情势中心(EU SITCEN)由包括成员国调派的情报人员、反恐专家等组成,主要提供民事领域的情报与安全服务。欧盟军事参谋部情报司和欧盟情势中心在 2007 年进行功能合作,形成单一情报分析能力(SIAC),为欧盟及其成员国提供情报产品,并在《里斯本条约》后转移到欧盟对外行动署架构之下。

时至今日,欧盟防务领域的主要情势感知机构就是前身为欧盟情势中心的欧盟情报与情势中心、欧盟军事参谋部情报司以及提供图像等情报的欧盟卫星中心(EU SATCEN)。

不过事情看起来并非那么简单。首先,欧盟在防务以外更大范围内的情势感知机构极其庞大复杂。莱顿大学教授阿扬·博因(Arjen Boin)等人研究发现,欧盟机构竟然有 84 套感知系统(sensemaking systems)在对民事保护、卫生、海事监管、边境管理、核安全、外部威胁、域内协调、关键设施、执法等不同政策领域刚刚浮现或已经发展的危机进行信息搜集、分析、核实或交换。其中有 7 套系统直接属于对外安全领域。尽管这些系统产生的信息都属于欧盟机构,而且很多信息与防务息息相关,但并不代表它们都会被顺利地转交到欧盟防务领域的情势感知机构以及决策部门。更关键的是,欧盟机构与成员国之间、成员国相互之间的防务情报信息长期以来无法有效共享。

冯德莱恩指出,如果在同一地区开展行动的成员国都不能在欧盟层面分享它们的信息的话,欧盟怎么能够实现共同决策。欧盟空间、警察培训、开源、发展等领域诸多机构和人员的工作提供了极广、极深的知识,但这些知识是分离的、信息是零碎的,而只有在掌握了全局情况下才能有效利用起这些知识和信息作出明智的决定。这正是《全球战略》和《欧洲防务行动计划》都提出要深化情势感知的原因所在,也是冯德莱恩提出要建立融合各种不同信息的联合情势感知中心的原因所在。

欧盟在《全球战略》中强调要打造一个更加可信、灵敏和整体的联盟,将战略愿望落实为行动。"战略指南"是《全球战略》在防务领域落地生根的次级战略,主要关注危机管理、能力发展、复原力和伙伴关系四个方面,力图在 2020 年后新的战略背景下将《全球战略》的政治目标转化为更加具体的政策目标。如果"战略指南"顺利出台,那么在很大程度上意味着欧盟及其成员国对面临的安全威胁和应对威胁的方式等有了足够的共识和意愿。这种共识和意愿是联合情势感知中心、欧洲军队以及其他欧盟层面防务建设项目得以推进的基础,可能也是博雷利将 2022 年作为欧洲防务转折点的一个主要判断基础。当然,转折点是否成立,更为重要的是看欧盟能否在 2025 年建立一个成熟的欧洲防务联盟。

欧盟防务发展盼望自主期

欧盟建立防务联盟的设想早在《里斯本条约》里就已经得到体现。2016 年,欧洲议会外事委员会提交了一份关于建立欧洲防务联盟的动议。在 2017 年容克的"盟情咨文"里指出到 2025 年时要建成一个成熟的欧洲防务联盟。尽管欧洲防务联盟在过去多年里得到越来越多的关注和讨论,但直到今天,到底什么是一个成熟的欧洲防务联盟,仍不明确。而且,从 2022 年到 2025 年,"战略指南"的实施以及防务联盟的推进面临着诸多不确定因素。

第一,在欧洲领导人的议程表上,防务议题的优先性很难得到保证。根据欧洲对外关系委员会(ECFR)2020 年对欧盟 27 国的调研显示,防务合作在 20 项政策的优先性中仅仅排名第 14。有 17 个成员国没有将防务合作排进政策优先性的前 10 名。当前,欧洲领导人议程表的前列正被能源危机、波欧紧张关系等问题挤占。

第二,欧盟各国对防务联盟的发展方向可能有着不同看法。正如欧洲前防务官员卡塔琳娜·恩伯格(Katarina Engberg)所说,不知道有没有所谓欧洲防务联盟方案,如果有的话,也许它们正被紧紧地锁在布鲁塞尔或者成员国领导人的抽屉里。但更加糟糕的是,在这些抽屉里的很可能不是一份心有灵犀的相似甚至相同方案,而是一份南辕北辙的不同方案。我们从法国、德国以及瑞典等国对欧洲军队的争执上已经可以嗅到令人不安的味道。

第三,欧盟防务发展的积极推手法国总统马克龙将在 2022 年 4 月大选中经受考验,另一位重要推手欧盟委员会主席冯德莱恩将在 2024

年结束任期。如果失去了马克龙等主张欧盟防务积极发展的政治力量，那么即使在 2025 年有了一个防务联盟，也可能只是徒有其名而已。

除此之外，欧盟在防务发展上还必须小心谨慎地处理好与美国和北约的关系。不管怎么说，欧洲防务联盟的目的应该比较明确，那就是帮助欧盟实现更高程度的战略自主。欧盟防务发展盼望着在 2025 年后进入一个自主时代。希望一个自主的欧盟和一个成熟的欧洲防务联盟，将给多极世界带来更多的和平与稳定，进而有助于实现真正的多边主义。

（本文发表于 2021 年 11 月 5 日）

24. 欧盟"战略指南针"草案出台，真能"指南"吗？

杨海峰，上海欧洲学会秘书长

在 11 月 15 日的欧盟外长和防长联席会议上，《安全与防务战略指南针》(A Strategic Compass for Security and Defence) 首份草案终于掀开了面纱。草案里的"战略指南针"有一个很长的副标题——"为了一个能保护其公民、维护其价值观和利益，对国际和平和安全作出贡献的欧盟"。尽管在此会议之前早已有各种渠道透露出该"战略指南针"草案的主要内容，但官方一直没有正式公布草案全文。

欧盟的外长和防长在此会议上就这份旨在为未来 5 年到 10 年欧盟安全与防务路径提供清晰政治战略指导的"战略指南针"草案交换了看法。欧盟外交与安全政策高级代表博雷利将此"巨无霸"会议的讨论过程比作"马拉松赛跑"。如果一次联席会议都能作如此描述的话，那么整个"战略指南针"的制定过程用旷日持久、声势浩大来形容就一点也不显夸张。因为从德国担任 2020 年下半年欧盟轮值主席国官宣启动"战略指南针"制定之日算起，到目前为止已有近一年半时间，而到法国担任 2022 年上半年欧盟轮值主席国最终推出该指南之时，则有近两年时间。那么，这份耗时耗力并由欧盟德法双轴心续力护航的"战略指南针"究竟包含了什么内容？除了德法两国外，到底还有哪些力量在起推动作用？其发挥指南的作用又会怎么样？

行动、安全、投入和伙伴

在"战略指南针"制定过程中，欧盟一共发布了四份介绍背景情况的备忘录。首份备忘录发布于 2020 年 11 月,主要反映的是制定过程准备阶段的成果,也就是欧盟对当下到未来 5—10 年要面临的风险和挑战进行了 360 度的分析。此项非公开分析主要由欧盟的单一情报分析能力(SIAC)机构在成员国情报部门的帮助下完成。其后三份备忘录反映的是战略对话阶段的进展成果,主要是对"战略指南针"重点关注的危机管理、复原力、能力发展和伙伴关系四个方面的政策目标和举措的介绍。这四个方面或者按照欧盟说法是"四个篮子"的提法在最后一份备忘录里被相应地改成了行动、保护、投入和伙伴。虽然提法有所改变,但四个方面的主要内容还是连贯的。

"战略指南针"作为在安全和防务领域的次级战略,和其一级战略也就是 2016 年出台的《欧盟外交与安全政策的全球战略》一样,都在前期花了大力气对欧盟的外部安全环境作出分析和判断。《全球战略》里的绝大多数判断,比如世界正在经历权力转移和扩散、欧盟面临着生存危机以及虚假信息等各种威胁,都在"战略指南针"里再次得到确认。与此同时,"战略指南针"重点强调了权力政治的回归和地缘政治的转移使欧盟面临着更具敌意的安全环境,这在近几年全球博弈加剧后显得尤为突出。像软实力等因素都成了武器化的政治竞争工具。混合威胁和新兴威胁越来越多,战争与和平的界限越来越模糊。欧盟因经济、战略、政治和价值观受到的挑战存在"战略收缩"的风险。

欧盟想要避免从"游戏玩家"沦为"游戏场"、从全球竞争舞台的"参与者"变成"旁观者",那么就要行动、保护、投入和发展伙伴。"战略指南针"指出,行动就是更加快速和果断地应对危机。保护就是提升复原力以在网络、海洋和太空等战略领域免受混合威胁和攻击。投入就是增加防务能力、技术创新和互用性,减少外部依赖和内部碎片化。伙伴就是加强与北约等组织和国家的合作互补。

具体来说,"战略指南针"一是在危机管理行动方面增加决策灵活性,给予相关任务更多授权,既要发展"欧盟快速部署能力"这样的军事能力,又要发展可在 30 天部署 200 名专家的民事能力。二是在提升复原力、加强保护方面,建立"欧盟混合工具箱",还要发展网络防御政策、"协同海上存在"机制、安全与防务的太空战略。三是在投入方面,发展海上无人平台、未来空战系统、空间地球观测能力以及主战坦克等下一代能力,还要充分发挥永久结构性合作机制与欧洲和平基金的作用以发展前沿军事能力,加强欧洲技术和产业基础以发展新兴与破坏性技术,并且建立防务创新中心。四是在发展伙伴方面,提升与北约和联合国的多边伙伴关系,加强与非盟、欧安组织和东盟的地区伙伴关系,推动与美国、挪威、加拿大等双边伙伴关系,发展与西巴尔干、东部南部邻近地区、非洲、亚洲、拉美等地特定伙伴关系,并且建立欧盟安全与防务伙伴关系论坛。

"战略指南针"出台后,将由欧盟外交与安全政策高级代表在与欧盟委员会、欧洲防务局磋商后,向欧洲理事会提交年度进展报告。欧盟将至少每五年对外部安全环境进行一次威胁分析。高级代表将基于2025年的威胁分析和关键目标上取得的成果,就"战略指南针"的可能修订提出建议。

护航者和推手

由于"战略指南针"的启动和完成正好是德国和法国分别担任欧盟轮值主席国的期间,大家自然猜测这种安排是否有意为之。事实上,德法两国在推出"战略指南针"上确有共识,并且可以说是发挥了双轴心续力护航的作用。

欧洲战略专家史文·比斯考普(Sven Biscop)提到德国人在2020年前就提议要出台一份"战略指南针",而确实在德国担任轮值主席国时正式宣布了制定该战略。至于将"战略指南针"完成推出的时间定在法国担任轮值主席国的2022年3月,此时正值法国大选前夕,足见法国对该战略的看重。众所周知,法国总统马克龙在2017年当选后就一直大力倡导"欧洲主权"和"战略自主",提出"欧洲干预倡议",呼吁建立一支"真正的欧洲军队"。德法尽管在欧洲军队组成、与北约关系等具体问题上有时存在不完全一致甚至差异比较大的看法,但对欧盟安全与防务的总体发展都持支持的积极态度。没有德国看守总理默克尔和马克龙的认可,"战略指南针"的推进将会更加艰难。

如果说德法等是"战略指南针"在成员国层面的护航者,那么欧委会主席冯德莱恩等则是高级官员层面的重要推手。2012年,欧洲官方拉开了制定《全球战略》的序幕。也正是在那一年,随着奥朗德在法国总统大选中获胜入主爱丽舍宫,勒德里昂(Jean-Yves Le Drian)被任命为国防部长。紧接着在2013年的德国大选后,冯德莱恩成为德国历史上首位女性国防部长。2014年的欧洲议会选举则把莫盖里尼(H.E. Federica Mogherini)推上了欧盟外交与安全政策高级代表之位。莫盖里尼在担任高级代表之前早已担任过意大利众议院的防务委员会秘书、驻北约议会代表团团长以及外交部长等职。可以想见,在《全球战略》及其后诸多安全与防务政策举措的推出过程中,莫盖里尼、冯德莱恩、勒德里昂等人必须达成一个个共识和妥协。

2016年9月,冯德莱恩和勒德里昂向欧盟联合提交加强防务合作的报告,提出建立联合军事总部等建议。时至欧盟启动制定《安全与防务战略指南针》的2020年,获得冯德莱恩等人支持的莫盖里尼成了欧洲学院(the College of Europe)校长,而曾经的欧洲大学学院(the European University Institute)校长和研究欧洲经济一体化的让·莫内讲席教授博雷利则成了欧盟外交与安全政策高级代表,他要让欧盟学会"权力的语言"。冯德莱恩在担任欧盟委员会主席后提出了"地缘政治委员会"的概念。勒德里昂则成了马克龙总统的外交部长。可以说,莫盖里尼、冯德莱恩等人因为工作关系,实际上形成一股推动欧盟安全与防务政策发展的力量。

当然,除了德法两国和上文提到的那些高官外,欧盟其他不少成员国也对"战略指南针"乐见其成,也有更多人物在参与和推动。比如在2020年3月的非正式会议上,诸多欧盟防长呼吁要有一个"战略指南针"的新倡议。值得指出的是,欧洲智库和专家在"战略指南针"酝酿和制定过程中的作用不可低估。

"指南针"指向何方?

在11月的欧盟外交部长和国防部长联席会议后,据说欧盟成员国对提出的"战略指南针"草案普遍反应"相当积极"。当然也有意料之中的"不和谐"声音,波兰和立陶宛对计划成立5 000人"欧盟快速部署能力"部队持保留态度。它们和其他波罗的海国家、丹麦等国一同表示欧盟的新战略不能以削弱北约为代价。对此,博雷利说首份草案在最终出台前还要经过成员国反复讨论,至少进行两次修改。可以预见,一方面"战略指南针"的主要内容应该不会再有太大变化,另一方面成员国的分歧不会完全消弭。这样一份战略将发挥怎样的指南作用,不能忽视三方面因素。

第一,不能忽视欧盟的决心和行动力。有人对"战略指南针"将如此之多的目标和项目的完成期限设在 2025 年或更早表示疑虑。不过显而易见,2025 年的期限应该与欧盟决心建立成熟的欧洲防务联盟的时间密切相关。从把"四个篮子"的提法改成行动、保护、投入和伙伴这种更加简洁有力的表述方式也可以看出,制定者或者推手就是在强调"战略指南针"并不是一份常规的政策文件,而是有具体举措和时间表的行动手册。在讨论"战略指南针"草案的同时,欧盟又推出永久结构性合作机制的第四轮 14 个新项目。

第二,不能忽视欧盟内部的分歧和面临的困难。除了已经提到的"不和谐"声音外,德法尽管在欧盟安全与防务发展上起着双轴心作用,但"战略指南者"的推出也是双方在防务发展方向、侧重和速度上的平衡和交易结果。博雷利令人吃惊地坦陈,由于历史和地理等原因,欧洲各国的世界观并不一致,没有一个共同的战略文化。欧洲还有一种乐于讨论概念和制度的习惯倾向,但真碰到要提升行动能力的艰巨任务时又跑开了。这真是说说容易,干起来难。今后防务领域如果涉及突破和修订条约的更实质、更复杂问题时,欧盟将面临更大困难。

第三,不能忽视欧盟军事战略的负面作用。欧盟在"战略指南针"制定过程中不断与北约沟通,包括将"战略指南针"与北约的新"战略概念"进行协调。欧盟将与美国开展安全与防务对话,同时欧洲防务局将与美国国防部协商相关"行政安排"。在此情况下,"战略指南针"做出一系列计划,比如将把印太作为"协同海上存在"机制的下一个目标。那么,一个与北约互补、强化跨大西洋防务合作的军事力量是否会有真正的战略自主,是否会给全球稳定和世界和平带来新的负面影响呢?

(本文发表于 2021 年 12 月 2 日)

25. 今年中欧关系关键词是对手、
竞争者还是合作伙伴？

龙静，上海国际问题研究院欧洲问题研究中心副主任

2021年，中国与欧盟的双边关系急转直下，从2020年的"合作之年"突然变成了"危机之年"，先后出现了重要双边协定审批程序被欧盟冻结，双方围绕所谓新疆人权问题采取制裁与反制行动、第二十三次中国—欧盟领导人会晤未能如期举办等重大变故。与此同时，中欧之间的经贸关系仍在逆势中不断提升，中欧在环境与气候等领域的合作也在持续推进。这种看似复杂矛盾的双边关系发展态势，同欧盟对中国身份的复杂定位、对大变局时代下大国博弈的判断，以及内部涌现的各类影响因素等都有着紧密的联系。

欧盟对华定位"三分法"思维主导下的对华政策

在2019年3月出台的《欧中战略展望》政策文件中，欧盟将中国定位为"目标一致时的合作伙伴""在技术领导力方面的经济竞争者"和"推广其他治理模式选项的制度性对手"。2020年下半年上任的欧盟委员会也采纳了上届欧委会这种对华定位。在对华定位"三分法"思维主导下，2021年欧盟对华政策呈现出依据不同领域采取不同手段的显著特点。

首先，在涉及价值理念和制度的领域，欧盟不断做出干涉中国内政、对中国政治体制指指点点的外交行径。2021年2月，欧盟和其他一些西方国家滥用联合国人权理事会平台，对中国进行无端指责。欧盟还借口香港选举制度改革一事，多次企图发表一项涉港联合声明，但

123

因遭到匈牙利的否决而失败。

其次，在经贸和科技领域，尽管中欧经贸额在全球疫情中逆势增长，但欧盟将中国视为竞争对手打压和防范的力度却也在不断加大。欧盟的具体手段分为两类。一是通过立法方式抬高门槛、设置障碍，达到将中国排除在欧洲市场外的目的。2021年5月，欧盟委员会发布针对扭曲内部市场的外国政府补贴的条例草案；8月，欧盟讨论有关"国际采购工具"（IPI）草案，有意将中国企业排除在欧盟的公共采购合同之外；12月，欧委会又提出一项所谓反经济胁迫的新政策工具，意在给中国贴上"经济胁迫"的标签。这些法案一旦通过，将和此前欧盟已经生效的企业并购控制制度、外商直接投资审查框架等一起，构成一张多角度限制中国企业在欧盟境内开展经济活动的制度之网。

二是欧盟借跨大西洋关系得到改善的契机，迎合美国结盟遏华的目的，加强与美国的政策协调。2021年6月，美欧贸易与技术委员会（TTC）成立并发表联合声明，声称将以"共同的民主价值观"为基础，在出口控制、外资审查、供应链安全、技术标准和全球贸易挑战这五个领域加强美欧协调与合作。尽管声明并没有明确提及中国，但美欧联合经济、科技和规制实力以更有效地与中国竞争的用意充满字里行间。

第三，欧盟在气候变化、环境保护等希望能够发挥全球引领作用、扩大国际影响的领域，深知离不开与中国的协调配合，因此努力维持与中国的合作力度。2021年间，中欧之间开展由部级及以上官员出席的碳排放交易政策对话、科技创新高层对话、水资源交流平台年度高层对话、第十一轮中欧高级别战略对话和两轮环境与气候高层对话等。中欧地理标志协定也在2021年正式生效。在二十国集团（G20）和《联合国气候变化框架公约》第二十六次缔约方大会背景下，欧盟更是抓紧多边场合提供的机会，与中国代表团举行会谈。2021年4月，欧盟和中国选择在同一天发布各自绿色金融分类标准的重要更新，标志着中欧绿色分类标准趋同取得阶段性进展。11月，中欧借气候大会契机牵头完成"可持续金融共同分类目录"，向世界发出两大经济体在应对气候变化领域采取协调行动的重要信号。

大国博弈:影响欧盟对华政策的外部因素

在百年变局与世纪疫情影响相互叠加的时代背景下,欧盟 2021 年对华政策深受大国博弈的影响。大国博弈,不仅包括中美关系的曲折动荡,也包括美欧之间信任受损、利益优先的变化态势。

面对美国国内政治与外交政策的巨大转向,作为美国最重要的盟友,欧洲在 2020 年末和 2021 年初可谓充满了期待,抢先发布《全球变局下的欧美新议程》,其中也包括在对华政策上加强跨大西洋协调的建议。拜登上台后,宣布将改变前总统特朗普时期以单边主义和保护主义为路径的全球战略,加强同盟友和"志同道合伙伴"的合作,重返多边主义。对于欧盟的建议,美国也给出了积极的回应,设立了前述美欧贸易与科技委员会和美—欧关于中国的双边对话机制。后者共设立六个工作组,分别在 2021 年 5 月和 12 月召开了两次高级别会议,对中国的人权、政治制度、经济行为和周边安全等议题妄加评论,并表示双方不仅要加强双边协调,就各自与中方开展的对话加强信息共享,还要在多边机制中加大合作力度。

但拜登上任不久,美国限制新冠肺炎疫苗原材料出口、不顾盟友安危急速撤军阿富汗,以及未与欧洲盟友协商便突然组建美英澳三方安全联盟(AUKUS)等一系列外交决策,让欧盟及主要成员国认识到,"美国优先"的行为准则并没有因美国政坛的改变而发生根本转变。这强化了欧盟继续积极推行"战略自主"的决心,促使欧盟在本年度内频繁发布战略性文件,覆盖多个重要地区,涉及多个关键领域,积极打造一个具有国际责任心和世界影响力的全球性力量,例如,2021 年 7 月的"全球联通欧洲"计划、9 月的欧盟"印太"战略,2021 年 10 月的欧盟新的北极战略、12 月的欧盟"全球门户"计划,等等。

从实质来看,这些战略和美国战略存在很大的相似度:在战略意图上都以限制中国在这一区域或领域影响力的扩大为核心目标;在实现路径上,都强调拉住所谓"志同道合伙伴"来共同构建起一个排斥中国的"朋友圈"。但是,为了凸显有别于美国的独立性和自主性,欧盟的这些战略又和美国存在微妙的差别:首先,更强调战略的综合性,在向军事和安全领域有所拓展的同时,更突出经济合作及社会治理,主要依托自己的软实力优势,防范中国影响力上升;其次,不同于美国以竞争和对抗作为对华政策的基调,欧盟的"三分"思维也潜藏在这些战略中。在防范中国的同时,也承认中国是必须参与对话与合作的攸关方。

干扰欧盟对华政策效应的内部因素

欧盟基于"三大定位"采取的对华政策,根本目的是利用价值观外交孤立中国,抬高自己作为西方价值体系捍卫者的形象,利用经济合作维护庞大的中欧经贸关系的欧方收益,利用多边舞台上的协商强化自己在气候变化等国际议题中的引导地位,利用规则制定和与美协同遏制中国在高科技领域的实力赶超。

然而,这种理想化的政策愿景,在现实中并不能"鱼与熊掌兼得":欧盟不仅没有能够实现孤立、打压中国的目的,反而严重干扰了中欧经贸投资关系的发展前景,打乱了中欧关系长期以来稳定健康的节奏,更暴露出欧盟在对外政策领域的诸多制度性缺陷。消减欧盟对华战略效应的原因不仅在于欧盟低估了中欧关系的韧性、中国面对欧盟制裁的反击决心,还在于诸多源自欧盟内部的自身因素。

首先,政策设计脱离现实,不同政策取向难以做到"泾渭分明"、互不干扰。欧盟过度强化其价值观在对华政策中的地位,不断在香港、新疆、台湾等涉及中国核心利益的议题上发出杂音,必然破坏中欧关系稳定健康发展的主旋律。中国与欧盟委员会领导人会晤在2021年度的缺失就是中欧政治关系恶化的直接结果,也导致中欧在其他领域的合作缺少了自上而下的强劲动力,难以形成更大的合力应对世界面临的诸多挑战。

其次,欧洲议会对欧盟对华政策的影响力越来越大。一方面,欧洲议会是欧盟内部对华采取价值观外交的主要推手之一。2021年,欧洲议会不仅自己通过多份涉港、涉台等问题的决议或报告,组团窜访台湾,更频繁施压欧盟委员会或欧洲理事会做出相关声明或调整对华政策。例如,2021年9月16日,欧洲议会通过一项"新欧中战略报告",要求欧盟制定新的对华战略,"人权"成为其核心内容之一。尽管欧洲议会的上述行为不具备强制性法律效力,但大大助推了整个欧盟内部防华、反华、遏华势力的扩大和升级。另一方面,欧洲议会已成为部分欧盟对华政策难以落实的制度性阻碍。2020年年末中欧双方通过艰苦努力,如期完成的中欧投资协定草案被欧洲议会冻结,不仅阻碍了欧盟在对华经贸投资领域预期取得的巨大收益,更暴露出欧委会与欧洲议会之间在涉华问题上存在明显的分歧。

第三,成员国立场牵制欧盟对华战略走向。外交依然属于各成员国主权范围,并未让渡给欧盟。因此欧盟外交与安全政策高级代表及对外行动署必须在不断和成员国的协调中才能基本保持对华政策的一致性。但是这一点并不容易做到。例如,匈牙利在年内多次投票否决欧盟试图做出涉疆问题的联合声明。这当然有利于中欧关系避免更大滑坡。但有的时候,欧盟的对华政策又可能被成员国"绑架"。立陶宛在涉台问题上踩线,欧盟虽然表态"同立陶宛站在一起",但也同时表示,"这主要是中国和立陶宛之间的双边关系",说明并不愿意因立陶宛的外交行为让中欧关系雪上加霜。

对2022年欧盟对华政策的展望

2022年可能是欧盟对华政策面临巨大不确定性的一年。尽管以"三分思维"主导的对华政策不会有大的变化,但以下因素或将决定"对手""竞争者"和"合作伙伴"中的哪一个关键词成为2022年的重点,引导欧盟对华关系的基本走向。

首先,法国和捷克将先后出任2022年欧盟轮值主席国。这可能给欧盟对华政策带来截然不同的发展方向。作为对欧盟"战略自主"怀有巨大抱负的欧盟核心国家,法国或将努力推动中欧投资协定的命运转机,但也希望借此得到中方更大的妥协和让利。而捷克作为一个屡屡在涉华核心问题上踩线的欧洲国家,在完成议会改选、亲欧盟政府执政后,其下半年担任轮值主席国,则可能引导欧盟对华变得更强硬,在其任期内酝酿出台一份更加偏重价值观外交的对华政策新文件。

其次,跨大西洋关系也将进一步引发欧盟对华战略的调整。美国联欧遏华的战略意图已经非常明确,欧盟也乐于通过美欧贸易与技术委员会、中美涉华对话等机制加强和美国的协调沟通。但美欧之间在数字税、欧元国际化等问题上的矛盾能否妥善解决,将影响欧盟在美国遏华战略上的配合力度。

第三,全球疫情和世界经济的发展态势也将对欧盟对华战略带来深刻影响。如果欧洲疫情进一步对欧洲经济造成打击,中欧联手抗疫和提振经济的迫切需要有助于欧盟的对华战略适度缓和,更趋务实,侧重合作。

(本文发表于 2022 年 5 月 18 日。原载于复旦大学国际问题研究院中欧关系研究中心和上海欧洲学会共同发布的《欧洲对华政策报告(2021)》,此处内容有删节。)

26. 在多面性中寻求平衡
——2021 年的欧盟对华政策

严少华,复旦大学中欧关系研究中心副研究员

2021 年是欧盟对华政策具有转折性的年份。在《欧盟—中国:战略展望》文件出台两周年之际,欧盟于 2021 年 4 月对该战略文件中的政策落实情况进行检视,并在斯洛文尼亚担任轮值主席国期间就对华政策问题开展讨论,其中有声音指出要实施更强硬的对华政策,更强调中国作为"制度性对手"的角色。与上一年相比,2021 年的欧盟对华政策无疑更具竞争性与对抗性。这一年围绕人权问题对华制裁,更是将欧盟对华政策的对抗性推向高潮。

尽管如此,欧盟在总体上仍然维持多面性的对华政策定位,即将中国视为"合作伙伴、竞争者和制度性对手",这一定位也被欧洲议会等欧盟其他机构以及以德国新政府为代表的欧盟成员国所接受。欧洲议会 2021 年的"欧中新战略"报告以及德国新政府的执政联盟协议中都明确重申了这一对华政策定位。与此同时,2021 年欧盟对华政策的不同层面之间也呈现出较大的反差乃至矛盾,欧盟对华合作与竞争并举,"在多面性中寻求平衡"成为 2021 年欧盟对华政策的主基调。

2021 年欧盟对华政策的主要趋势与特点

2021 年欧盟对华政策延续了 2019 年以来欧盟对华政策调整趋势,也体现出一些新的特点,主要表现在以下几方面。

首先,欧盟对华政策意识形态化倾向更加明显。在意识形态问题上,2021年欧盟对华政策体现出两个不同的特点。一是从"存异"转向"求异",利用各种手段刻意突出和放大中国在意识形态上的"不同"乃至"威胁"。在美国张罗的"民主峰会"和慕尼黑安全会议等场合,欧盟在意识形态上都有意将中国置入所谓"民主—威权"的简单框架中的"威权"一端。二是从对话转向对抗。在对华人权问题上,欧盟传统上以对话者的身份出现,也成为少数可以在人权领域同中国保持对话与合作的行为体。以2021年3月对华人权制裁为标志,欧盟在对华人权问题上由传统的对话为主,开始转向对抗性的制裁手段,这实际上也是欧盟在意识形态上"求异"的一部分,试图通过具有对抗性的制裁手段主动升级和扩大与中国的意识形态分歧。

其次,欧盟对华政策出现地缘政治化倾向。2021年9月和12月,欧盟先后发布《印太合作战略》和《全球门户》政策文件,这也是欧盟委员会主席冯德莱恩倡导的"地缘政治欧委会"在对华政策上的具体体现。欧盟"印太战略"提出要加强在"印太"的军事存在,在地区安全上扮演更加积极和有效的角色。这意味着欧盟将其地缘政治抱负扩展至中国的地缘政治敏感地带,将给"印太"地区原本就很复杂的地缘政治形势带来新的挑战。欧盟的"全球门户"计划也体现出一定的地缘政治思维,与"一带一路"竞争的意图明显。欧盟试图通过自己的基础设施建设计划,与中国争夺地缘政治影响力,尤其是在西巴尔干地区以及欧盟的东部和南部伙伴关系国家。欧盟对华政策的地缘政治化倾向可能挑战中欧无根本地缘政治冲突的传统叙事,其后续发展方向和影响值得关注。

第三,欧盟对华政策的"欧洲化"趋势继续向纵深发展。欧盟继续强调以"全欧盟"的方式,建立统一的对华政策,加强欧盟内部(包括欧盟不同机构之间、成员国之间以及欧盟机构与成员国之间)在对华政策上的团结与合作。一方面,欧盟对成员国层面的对华政策施加更大的压力,迫使成员国在某些对华政策议题上与欧盟保持一致,比如匈牙利在对华人权制裁问题上的立场就受到欧盟的巨大压力。参与"17+1"合作的部分中东欧国家(立陶宛、爱沙尼亚等)也强调在对华政策中体现欧盟共同的立场,并表示希望通过"27+1"的形式与中国打交道。另一方面,个别欧盟成员国与中国的双边关系冲突也传导和扩大至欧盟层面,对中欧关系造成冲击。比如 2021 年立陶宛与中国围绕"17＋1"合作机制和台湾问题的冲突也逐渐升级为欧盟与中国之间的外交议题,在某种程度上"绑架"欧盟的对华政策议程,对欧盟对华政策构成新的挑战。

第四,欧盟与美国对华政策协调的趋势加强。2021 年拜登政府上台为跨大西洋关系重塑和对华政策合作提供了新的动力。2021 年 5 月 26 日,欧盟与美国正式启动"欧美中国问题对话机制",为欧盟与美国的对华政策协调提供一个新的机制化平台。欧盟与美国也在 2021 年 6 月的峰会上提出成立"欧美贸易与技术理事会"(TTC),并在 9 月举行首次会晤。在这些新平台以及北约等已有平台的基础上,欧盟与美国围绕贸易、技术、人权、安全与全球治理等议题协调对华共识并采取更加一致的行动。在协调的过程中,欧盟与美国对华政策出现一定程度的趋同,但在战略自主的背景下,欧盟仍然保留了对华政策的独立性以及和中国自主合作的空间。尤其是法国与德国等欧盟大国,在拜登赴欧洲参加系列峰会的魅力攻势下,并没有随美起舞,而是秉持战略自主原则,在与中国有共同利益的领域继续加强合作。

第五,欧洲议会在欧盟对华政策中更加活跃,影响不可低估。欧盟近年来对华政策转型的背后,其实也有欧洲议会的影子。在《中欧投资协定》谈判完成之后,拥有否决权的欧洲议会在中欧关系中的地位更加凸显。

2021 年 3 月中国对欧盟实施反制之后,欧洲议会于 5 月冻结了《中欧投资协定》的批准程序,更是把自己推到中欧关系的风口浪尖。此外,欧洲议会 2021 年发布涉华决议和报告的频率和覆盖议题也显著增加;9 月 16 日,欧洲议会发布《欧中新战略》决议,认为欧盟对华政策在新的挑战面前暴露出局限,需要一个更"进取、全面和一致的"对华新战略。这一新战略应建立在六个支柱之上,包括:(1)就全球挑战进行公开对话与合作;(2)就"普世价值"、国际规范和人权加强接触;(3)分析和识别对华政策的风险、脆弱性和挑战;(4)与志同道合的国家建立伙伴关系;(5)提升开放性战略自主,包括贸易与投资关系;(6)将欧盟转型为更有效的地缘政治行为体,保护和促进欧洲的核心利益和价值观。

131

2021 年 10 月 21 日,欧洲议会通过涉台报告,提出与台湾当局深化政治关系、谈判双边投资协定、将"欧盟驻台北经贸办事处"改名等挑战一个中国原则的举措。这两份决议和报告显示出欧洲议会在中欧关系中不仅仅满足于其对《中欧投资协定》的否决权,而是主动塑造欧盟对华政策议程,在欧盟对华政策中扮演更重要的角色。

欧盟对华政策展望

2021 年对欧盟与中国都是困难的一年,也是中欧双边关系在近年来的一个低谷。在经历了相互制裁、中国与立陶宛双边关系恶化等事件的冲击后,中欧关系在未来有回暖的需求。实际上,从 2021 年下半年开始,欧盟与中国之间的各种对话与合作就逐步走向正轨,与中国恢复接触和对话成为欧盟对华政策的主流意愿。2021 年 7 月,中、德、法三国领导人举行视频峰会;9 月,第十一轮中欧高级别战略对话顺利举行;12 月,欧盟与中国决定在 2022 年初举行中欧峰会,反映了欧盟与中国继续保持高层交往的愿望和需求。

2022 年,欧盟对华政策走向主要受到以下几个因素的影响。

第一,法国担任欧盟轮值主席国以及法国大选。马克龙赢得法国大选,为欧盟对华政策和中欧关系注入更多稳定因素。法国的欧盟轮值主席国身份,也有助于推进欧盟与中国在经贸、气候变化、数字经济、非洲等领域的合作。

第二,欧盟《反经济胁迫工具》与《供应链尽职调查法》的出台,可能加剧中欧经贸关系政治化的倾向。尤其是《反经济胁迫工具》的出台及实施,可能对中欧经贸关系的稳定带来新的挑战。2022 年欧盟与北约也将相继出台《战略指南针》与《战略概念》政策文件,中国将成为这些文件的重要讨论对象,欧盟对华政策可能进一步安全化。

第三,2022 年 2 月以来爆发的俄乌冲突可能成为欧盟对华政策转变的一个新的催化剂,给中欧关系带来严峻的挑战,这种挑战体现在政治层面,也体现在经济层面。

在政治层面,欧盟将乌克兰危机视为当前首要的威胁和挑战,并视其他国家在乌克兰危机上的立场来决定欧盟与其他国家的关系。这或许成为中欧关系发展的一个主要政治障碍。在经济层面,俄乌冲突让此前犹豫不决的欧盟决意摆脱对俄罗斯能源的依赖,也会让欧盟再审视与中国的经贸关系。

（本文发表于2022年5月19日,原标题为《俄乌冲突在政治、经济层面如何挑战未来中欧关系》。原载于复旦大学国际问题研究院中欧关系研究中心和上海欧洲学会共同发布的《欧洲对华政策报告(2021)》,此处内容经过作者修订。）

27. 重启、重塑与重新定向
——2021 年的欧盟美国政策

严少华，复旦大学国际问题研究院
中欧关系研究中心青年副研究员

在经历美国前总统特朗普时期的低谷后，2021 年美国现任总统拜登的上任为欧美关系发展提供了新机遇。2021 年欧美关系进入了"重启、重塑和重新定向"的新阶段。"重启"是指在美国回归盟友体系与多边主义背景下，欧盟全面恢复与美国在各个领域的对话与合作；"重塑"是指在战略自主的背景下，欧盟在对美政策中追求构建更加平衡的伙伴关系，在跨大西洋联盟中获得更加平等的地位；"重新定向"是指在中国崛起的背景下，"中国因素"成为欧美关系发展的一个新变量，欧美关系嵌入了中国因素，应对中国崛起成为欧盟对美政策重要考量。重启、重塑与重新定向也是 2021 年欧盟对美政策的三个关键词。

欧盟重启与美国的对话与合作，
修复跨大西洋关系

2020 年 11 月拜登当选美国总统及其重视盟友的立场在欧盟引起积极的回应和乐观的期待。欧盟委员会主席冯德莱恩表示欧盟已准备好同新一届美国政府在广泛领域开展合作，以重建跨大西洋关系。德国外交部长马斯（Heiko Maas）也迫不及待地提出跨大西洋"新政"主张，表示将出台具体的措施以加强同美国的合作，包括气候变化、新冠肺炎疫情以及应对中国崛起等。拜登当选后不久，欧盟也主动出击，迅速发布《全球变局下的欧美关系新议程》，作为美国大选后加强跨大西洋合作的蓝图。

2021 年拜登入主白宫后,欧盟与美国各层次的政治对话也迅速开展。3 月 25 日,欧盟首脑会议以视频方式邀请拜登参与,这是 11 年来美国总统第一次参加欧盟峰会,也是跨大西洋关系重启和回暖的重要表现;6 月 14—15 日,欧盟与美国在布鲁塞尔举行峰会并发表联合声明,设定后疫情时代跨大西洋合作的共同议程;12 月 9 日,欧盟委员会主席冯德莱恩与欧洲理事会主席米歇尔共同出席美国主办的"民主峰会",表达对美国构建"民主联盟"的支持,也是欧盟试图与美国强化价值观纽带的表现。

在政治对话升温的同时,欧盟与美国在各领域的合作也得到强化,主要表现在以下方面:合作应对疫情;气候变化合作;经贸与技术领域合作;互联互通合作;安全领域合作。

欧盟推进战略自主方向不变,
追求更加平衡的跨大西洋关系

2021 年拜登的当选虽然在很大程度上缓解了欧盟的"战略焦虑",但并没有改变欧盟追求战略自主的决心。欧盟在欢迎拜登回归的同时,并不仅仅满足于回到过去,而是希望在战略自主的理念下,重新塑造更加平衡的欧美关系。

拜登当选后不久,法国总统马克龙与拜登通话表示,为了成为美国的可靠伙伴,欧洲也必须拥有自己的军事与技术实力,与美国的合作不能成为对美国的依赖,欧洲需要战略自主。欧洲理事会主席米歇尔在关于拜登就任的演讲中也指出欧洲与美国存在差异,这些差异不会奇迹般地消失。美国已经改变了,欧洲对美国的看法也发生了改变,因此,欧盟应该选择自己的道路并作出自己的决定,这并不需要等待别人的许可。

2021 年美国从阿富汗撤军以及美、英、澳三边安全伙伴关系(AUKUS)的建立更让欧盟意识到拜登政府对欧政策调整的有限性,进一步刺激了欧盟内部有关战略自主的讨论。尤其是法国总统马克龙,成为欧盟战略自主最为积极的推动者。

在推进对美战略自主方面,欧盟的政策主要集中在防务、数字和技术、金融领域。在防务领域,欧盟于 2021 年 12 月发布《战略指南针》计划草案,作为未来 5 到 10 年欧盟安全与防务战略的指南。

在数字和技术领域,欧盟一方面需要加强与美国的合作应对中国的竞争,另一方面又希望在数据隐私与保护、数字税、反垄断等领域推进战略自主,打造"欧洲冠军",提升欧盟的技术领导力。

在金融领域,欧元是欧洲主权的重要支撑,推进战略自主的主要路径是提升欧元的国际地位。

欧盟与美国加强对华政策协调,共同应对中国崛起

2021 年 1 月拜登正式执政后,欧盟与美国在对华政策上的互动与协调更加频繁,中国因素在欧盟对美政策和跨大西洋关系中的重要性上升。在 2021 年 2 月举行的慕尼黑安全会议上,美国总统拜登高调宣告美国以及跨大西洋联盟的回归,呼吁欧洲加强合作共同应对中国(以及俄罗斯)带来的经济与安全挑战。对于拜登的呼吁,欧盟给予了回应。

在欧盟外交与安全政策高级代表博雷利的提议下,欧盟与美国于 2021 年 5 月 26 日在布鲁塞尔正式启动了"欧美中国问题对话机制",作为协调对华政策的机制化平台。在首次会议上,欧美讨论了涉台、经济胁迫、虚假信息、地区安全、气候变化和防核扩散等议题,并重申对华政策是多面向的,包含合作、竞争和制度性对手等方面。2021 年 12 月 2 日,欧盟与美国在华盛顿举行"欧美中国问题对话机制"第二次高级别会议,讨论人权、加强欧美经济与技术韧性、供应链多元化、"经济胁迫"、南海议题以及台湾议题,同时也强调在有共同利益的领域与中国保持对话与合作的重要性,尤其是伊朗核问题、朝鲜核问题、气候变化以及全球健康等。

在具体政策上,欧盟与美国的对华政策协调围绕多个领域展开。在价值观领域,2021 年 3 月,欧盟与美国联合在对中国实施以人权为名的制裁,12 月又出席美国召开的"民主峰会"。在经贸领域,欧盟与美国协调贸易纠纷,并相继出台针对中国意味浓厚的"反经济胁迫"相

关法案；在科技领域，2021年欧美峰会通过欧盟提议的建立"欧美贸易与技术理事会"的倡议，双方还试图协调稀土等工业材料的自主供应；在地缘政治领域，欧盟于9月出台"印太合作战略"，其中既有欧盟自身的战略利益诉求，也有响应美国"印太战略"的考虑。

前 景 与 展 望

在大国竞争加剧和地缘政治回归的背景下，欧盟仍将视美国为最紧密的盟友和最重要的战略伙伴。强化跨大西洋联盟与合作是欧盟未来对美政策的主要方向，也是欧盟构建"地缘政治欧委会"，强化其在世界舞台影响力的重要路径。在具体的政策上，《全球变局下的欧美关系新议程》仍然是接下来几年内欧盟对美政策的指导性文件，欧盟与美国将在安全、气候变化、贸易、技术、地缘政治以及多边国际秩序等领域开展全方位的合作。

尤其是随着2022年2月俄乌冲突爆发，欧美关系得到明显的强化，欧盟与美国在对俄制裁、对乌援助以及外交孤立俄罗斯方面展开了紧密的协调与合作，也展现了近年来少有的团结一致。作为跨大西洋安全支柱的北约也正在被重新激活。俄乌冲突使得欧盟强化北约和跨大西洋联盟作为其安全的基础，欧盟对美国在安全上的结构性依赖可能进一步加深。与此同时，在强化跨大西洋联盟的基础上，欧盟也将继续推进在防务、经济和技术等领域的战略自主，以平衡跨大西洋关系，更好地保护欧盟自身的利益和价值观。

（本文发表于2022年5月20日，原标题为《俄乌冲突后，欧盟对美国安全结构性依赖或更深》。原载于复旦大学国际问题研究院中欧关系研究中心和上海欧洲学会共同发布的《欧盟的大国和地区政策（2021）》，此处内容经过作者修订。）

28. 欧盟对俄罗斯政策的调整与突变

马斌,复旦大学国际问题研究院副研究员

2021年欧盟对俄政策依旧在2014年确立的大框架内运行,同时,也根据形势变化补充了部分新内容。按照欧盟官方说法,目前欧盟与俄罗斯关系因2014年克里米亚事件、乌克兰东部危机、在邻国传播虚假信息和进行干涉,以及国内人权问题等而陷入紧张;俄罗斯对叙利亚、利比亚和撒哈拉以南非洲的干预进一步恶化了双方关系。欧盟自2014年以来就对俄实施制裁。欧俄之间依然紧密相互依赖,欧盟对俄罗斯正采取一种"选择性参与"的政策。以此为背景仔细审视2021年欧盟对俄政策内容与欧俄关系互动过程就会发现,欧盟对俄关系呈现出整体紧张,不断调整但又高度依赖等突出特点。

欧盟对俄政策维持着紧张状态

"紧张与对峙"依然是2021年欧盟对俄政策第一组关键词。除2014年乌克兰危机确立的欧俄关系框架具有强大惯性,使欧盟对俄政策很难摆脱其影响外,俄罗斯2021年对反对派人士纳瓦利内(Alexei Navalny)的逮捕与判决、在乌克兰边境的军事结集,将德国非政府组织列入制裁名单,及捷克与俄罗斯因"间谍"问题相互驱逐外交人员,也成为欧盟对俄政策持续紧张的重要因素。此外,围绕2021年9月俄罗斯国家杜马选举,欧盟与俄罗斯"按照惯例"进行了新一轮政治与外交交锋。到2021年底,乌克兰紧张局势骤然升级,欧俄关系因此继续恶化。

受到上述事件的影响,欧盟2021年对俄政策延续了此前的对抗与强硬基调,通过政治、经济、舆论、军事等方式向俄罗斯施压依旧是其主

138

体部分。作为欧盟对俄政策的基本组成部分之一,经济制裁和人员流动限制能够较清晰地展现其基本立场。2021 年,欧盟对俄人员和实体制裁政策在 7 月 31 日到期后被继续延长半年;10 月,欧盟再次扩大旅行限制和财产冻结名单,使受制裁的俄罗斯公民和实体分别达到 185 名和 48 家。如果说乌克兰危机、"干涉选举"等是 2021 年之前欧盟制裁俄罗斯的主要理由,那么,俄罗斯对反对派人士纳瓦利内的处理则成为 2021 年欧盟对俄制裁的重要触发点。作为对欧盟制裁的回应,俄罗斯也将欧盟机构和成员国的多名官员列入"禁入名单"。

欧盟与俄罗斯依然相互依赖

"依赖与突围"是理解 2021 年欧盟对俄政策的第二组关键词。尽管欧俄关系长期紧张,并且承受着"负面因素"在 2021 年持续增长带来的压力,但是,欧盟对俄政策仍然非常重视另一类基本现实及其影响,即俄罗斯是欧盟最大邻国,双方存在很强的历史关系和人文纽带,特别是经济领域的密切往来和能源领域的高度依赖,都让众多欧洲事务的处理不能缺少俄罗斯的参与。

在经济领域,2021 年,与双方政治外交与军事安全关系不断下滑相反,欧盟与俄罗斯贸易投资等经济合作实现了大幅增长。2021 年欧盟与俄罗斯贸易额增长 42.7%,达到 2 478 亿欧元。其中,欧盟自俄罗斯进口 1 585 亿欧元,对俄罗斯出口 893 亿欧元,增幅分别高达 67.4% 和 13%;这一年俄罗斯成为欧盟第五大贸易伙伴,在欧盟对外贸易中占 5.8%。

在能源领域,欧盟与俄罗斯的相互依赖更加明显。2021 年,欧盟从俄罗斯进口的天然气、石油、煤分别占其进口总量的 45%、27% 和 46%。由于欧盟近 70% 的能源供应依靠以上三类化石能源,因此,俄罗斯对欧盟经济、社会等增长和稳定等都至关重要。反过来,欧盟也是俄能源出口的最主要市场,2021 年俄罗斯出口的天然气、石油、煤分别约有 61%、50%、22% 进入欧盟市场,这对国际贸易、国民经济和财政收入等都高度依赖能源的俄罗斯而言,意味着欧盟市场不可或缺。

多层次的相互依赖是 2021 年大部分时间里,欧俄关系在"新仇旧怨"的冲击下能够维持相对稳定的基础,也是欧盟内部一直存在要求欧盟对俄政策具有足够弹性,甚至建立一个与俄罗斯对话新框架的现实立足点。因此,欧盟2021年对俄政策也就无法仅仅固守单一基调,而是在安全、乌克兰、价值观等事务中坚持强硬姿态的同时,也注重通过外交途径加强与俄协调,并在气候变化等领域寻求合作;欧盟即便清楚迅速改善欧俄关系的机会渺茫,但也希望尽可能塑造和提升俄欧关系的稳定性和可预期性,从而减少俄欧关系剧变的风险,部分实现"突围"。于是,我们看到欧盟部分官员对欧俄关系偶尔会做出看似较为"出位"的表态。例如,欧盟外交与安全事务高级代表博雷利(Josep Bprrell)2021年6月表示,欧盟已做好一旦俄罗斯改弦易辙就推动欧俄关系改善的准备。

长期以来,欧盟在制定和推行对俄政策时,还试图通过区分俄罗斯政府与俄罗斯人民、社会,来构建一种对俄罗斯政府及当权派强硬,对俄罗斯社会和人民怀柔的双轨框架。这一方面与欧盟国家与俄罗斯在社会层面广泛而深入的历史文化联系有关,另一方面也符合欧盟越来越坚定推行"价值观外交"的倾向有关。通过执行双轨政策,欧盟既可以维持和发展与俄罗斯在社会领域的往来,以为双方关系稳定提供支持,又可以在规范、价值观等领域发挥所谓优势,来塑造更加有利的声誉地位。

欧盟对俄政策进行新一轮调整

"调整与突变"是理解2021年欧盟对俄政策的又一组关键词。欧盟2016年3月确立的欧俄关系五原则依旧是2021年欧盟制定和实施对俄政策的指导原则。但是,在俄罗斯政策逐步变化,美国拜登政府对外战略和政策发生改变,特别努力重塑欧美跨大西洋关系,以及欧盟成员国之间在对俄政策问题上分歧日益显露的背景下,评估调整欧俄关系就成为2021年大部分时间里欧盟对俄政策的核心任务。不管是年初对俄罗斯的访问试探,还是年中围绕俄欧关系的"建章立制",都表明欧盟试图调整对俄政策以适应变化的形势,而俄欧关系年内发生的一系列互动,不管是积极的还是消极的,都成为欧盟加快对俄政策调整的契机。

2021 年 2 月初,欧盟外交与安全政策高级代表访问俄罗斯可被视为欧盟调整对俄政策的一种试探。在访问过程中,尽管双方谈及在应对新冠肺炎疫情、气候变化等方面进行合作,但是,难以"进行建设性对话"依旧成为欧盟对俄罗斯的基本认知;这种认识又限制了年内欧盟对俄政策调整的动力、方向与空间,使调整难以突破 2014 年乌克兰危机确立的对俄政策框架。

以此开局后,欧盟 2021 上半年围绕对俄新政策进行了大量沟通、讨论,并提出一系列建议,不断聚焦和明确欧盟对俄政策调整的方向和重点。欧洲议会在 1 月和 4 月作出决议,要求欧盟将对俄政策与俄罗斯民主转型步伐相挂钩,并呼吁欧盟制定全新的对俄战略方针;欧盟理事会 5 月 24 日、25 日特别会议经讨论后再次确认欧盟将团结一致应对俄罗斯对欧盟及其成员国利益的"非法侵害";根据理事会 6 月发布的《欧盟与俄罗斯关系联合通讯》所确立的对俄政策框架,最终形成名为《欧盟与俄罗斯关系:反击、约束和接触》的欧盟对俄战略文件。从内容看,新的战略文件在强调欧盟团结应对俄罗斯威胁的同时,也延续了欧盟近年来通过规范性外交确保欧俄在政治、经济、社会和外交事务中开展合作的势头,从而构建"稳定与可预期"的欧俄关系。

但是,欧盟对俄政策新调整也面临着严峻的内外部挑战。从外部看,拜登上台后推行新的对欧政策,一方面重建此前受到破坏的跨大西洋同盟关系,另一方面也尝试与俄罗斯关系再次"破冰",这让 2014 年乌克兰危机后高度关注安全脆弱性问题的欧盟感到担忧。从内部看,部分欧洲国家指责法、德"政策失误",不仅未能协助乌克兰维持主权和领土完整,而且损害了东部邻国对欧盟和北约的信心。

更致命的是,俄罗斯与乌克兰的关系在 2021 年下半年日趋紧张,使欧盟与俄罗斯的互动越来越滑向消极方向,欧盟此前的对俄积极期待迅速消失,转而更加坚定地与美国一起向乌克兰提供支持;尤其是 2021 年底俄罗斯在乌克兰边境的军事调动与部署让欧盟的安全担忧迅速增强,欧盟对俄政策调整方向发生"突变",欧盟把制定和实施对俄政策的基点重新转到与俄罗斯对抗,回击和遏制俄罗斯威胁这一方向,俄欧关系陷入新一轮下滑状态。

结　语

综上,2021年欧盟对俄政策延续了此前几年的"紧张关系"和"高度依赖"共存的基本面,同时,还突出了"政策调整"的这一显著特征。在此过程中,由于欧俄关系所处环境的巨大变化,如美国重塑跨大西洋伙伴关系,欧盟内部不同声音增强,以及俄乌冲突再次升级等,欧盟对俄政策调整方向在年底迅速偏离了年中预期,转到更加对立和对抗的轨道。

随着2022年俄乌军事冲突的爆发,欧盟对俄政策转到完全对立、对抗的轨道上。可以预见,欧盟对俄政策将在欧盟系列逐渐加大的对俄制裁措施基础上,使双边关系进入冷战结束以来的最低点。

(本文发表于2022年5月24日,原标题为《欧盟对俄罗斯政策的"突变",俄乌冲突前已开始》。文章原载于复旦大学国际问题研究院中欧关系研究中心和上海欧洲学会共同发布的《欧盟的大国和地区政策(2021)》,此处内容经过作者修订。)

29. "最密切的战略伙伴"：
欧日印太合作将如何发展？

宋黎磊，同济大学政治与国际关系学院教授、
欧洲中心副主任；陶星星，同济大学政治与
国际关系学院 2020 级硕士研究生

2021 年是欧盟对日本合作关系发展"逢十"纪念的重要节点。1991 年欧盟与日本举行第一次首脑会议，共同签署《欧日关系宣言》，确立全面发展双边关系的指导原则、共同目标和定期磋商战略。2001 年的欧日首脑会议上双方确立"欧日合作 10 周年"。2021 年 5 月 27 日欧日以视频方式举行第 27 届欧盟—日本首脑会议。双方的讨论围绕欧日关系三个支柱展开：全球性议题、双边关系、外交和安全政策。日本首相菅义伟与欧洲理事会主席米歇尔、欧盟委员会主席冯德莱恩首度实现三方会晤。

2021 年的欧盟越发重视印太地区，而在 2022 年 5 月的欧日峰会上，印太议题也再次凸显。在联合声明中，欧盟强调日本是其在印太地区最密切的战略伙伴，双方还宣示了在印太地区的一系列合作目标与关切的议题。

欧盟对日政策的主要内容

2021 年 2 月 26 日，欧盟和日本评估欧日战略伙伴关系协定（SPA）的实施情况，并确定进一步加强双方关系的下一步措施。双方申明继续在包括七国集团、二十国集团和联合国等国际机制内兑现包括加强多边主义、民主和基于规则的国际秩序的承诺。

（一）外交与安全政策方面

欧日同意加强印太战略合作，以建立一个"自由和开放的印太"地区。2021年9月16日，欧盟公布《关于欧盟印度洋—太平洋合作战略的联合公报》。欧盟表示，欧盟"印太地区合作战略"吸收了日本的"自由和开放的印度洋—太平洋"概念。日本指出"自由和开放的印度洋—太平洋"（FOIP）和"日本欢迎欧洲在印太地区利益的增长"。针对日方表态，许多欧盟成员国外交部长对确保"印太"地区以规则为基础的国际秩序的重要性表示理解和支持。双方确认，必须进一步促进互联互通、海上安全、环境和气候变化以及数字等领域的合作。双方寻求加强与东盟在该地区的合作，并支持东盟的《印太展望》战略（the ASEAN Outlook on the Indo-Pacific，AOIP）。欧日还将与南亚和太平洋岛国开展三方合作。

在欧日安全合作的行动方面：宣传上互为声援，行动上互相支持。双方加强了在海上安全和打击海盗、灾害风险管理、外层空间和网络安全等领域的合作。

在朝鲜半岛议题上，双方同意全面执行联合国安理会相关决议，实现朝鲜核武器和其他大规模杀伤性武器及其各射程弹道导弹计划的全面、可核查和不可逆转的拆除。日方还寻求在尽快解决绑架日本人质问题上得到欧盟的理解与合作，而欧盟表示支持日本的相关立场。

（二）经贸关系方面

欧日认为欧日经贸伙伴关系协定（EPA）持续稳步实施。欧日在世界贸易组织（WTO）改革和数字化领域的合作进展良好。欧盟与日本在投资领域合作继续推进。欧洲投资银行（EIB）、欧盟银行和日本国际协力银行（JBIC）已同意在全球范围进一步扩大一系列全球相关投资的合作。在亚洲、非洲和欧盟邻国，EIB和JBIC已同意就互联互通（交通、能源和数字）项目的共同融资开展合作。两家银行还将在全球范围合作开发与实施联合国可持续发展目标（SDG）相关的创新项目，包括投资可持续海洋项目和防止海洋污染。

欧盟与日本推进三方经贸合作。欧盟、日本和美国的三方贸易部长发布联合声明,同意续签三边伙伴关系,以应对第三国的非市场政策和做法带来的全球挑战。会议强调世贸组织改革的重要性,以努力建立一个自由和公平的、以规则为基础的多边贸易体系,使所有成员受益,并有助于确保所有人的共同繁荣,并重申他们对将在适当时候成功举办第十二届世贸组织部长级会议的共同承诺。

(三) 全球治理层面

在应对新冠肺炎疫情方面,欧盟在疫苗出口方面处于全球领先地位,2021 年 1 月 30 日至 10 月 12 日,成员国批准了 2 700 多项出口授权申请。日本是欧盟生产疫苗的第一大目的地,在上述期间有 2.676 亿剂疫苗获准出口。

为了支持全球公平和公正地获得新冠疫苗,欧日为"新冠疫苗实施计划"(COVAX)提供大量资金支持。2021 年 6 月 2 日欧盟委员会主席冯德莱恩参加由日本政府和 COVAX 负责机构全球疫苗免疫联盟(GAVI)共同主办的 COVAX 疫苗峰会,峰会强调双方对 COVAX 的重大贡献,领导人承诺努力扩大疫苗生产并保持供应链开放,并呼吁不要实施不必要的出口和旅行限制。

在应对气候变化方面,欧日联合发起欧盟—日本绿色联盟,双方认为日本和欧盟将在能源转型、创新和支持发展中国家向脱碳化转型等各个领域推进合作,并将通过加快气候和环境措施引领国际社会。通过这一联盟,欧盟和日本将在能源转型、环境保护、监管和商业合作、研究与开发、可持续金融、促进第三国的转型等几个方面深化合作。欧盟和日本还强调,在全球生物多样性和循环经济倡议的相关多边论坛上进行合作。

欧盟对日政策的目标与工具

(一) 政策目标

首先,欧盟与日本合作的主要目标是维护"自由国际秩序"的稳定。冷战后欧日关系的基本定位不是双边角度而是全球角度的。双方认可彼此是坚持所谓"普世价值"的战略性伙伴,而这一共识可以说奠定了欧日推进国际合作的最重要基础。欧盟和日本一再强调在共同的价值观和规则基础上团结合作。欧日作为"成熟的自由民主国家"均系"自由国际秩序"受益者,双方都谋求这一秩序的稳定,并希望在国际秩序变革时期将自身利益渗透其中,制定对自身有利的国际规则。

其次,欧日意图在规则而非权力基础上寻求深化合作,采取切实行动加强双方的多边和双边合作。欧日认为对所谓"基于规则的国际秩序"的承诺,一是有助于吸引其他"自由民主"国家参与该秩序的维护,从而向美国传递强烈信号,存在一个支持美国且广泛合作的联盟,二是欧日战略接近也有利于提升各自对美战略自主性。

继而,欧盟与日本要应对的国际秩序的挑战因素包括中国崛起、美国单边主义,以及中美战略博弈带来的冲击等,中国因素日益成为欧日开展对话时的焦点议题。2019 年 3 月,欧盟发布《欧盟—中国战略展望》政策文件,将中国定位为体制性竞争对手(Systemic Rival),这无疑为欧日合作创造更多机会。日本既担心中国实力的增长以及中国发展模式和体制对其在价值层面的挑战。

最后,在积极调整自身外交战略的同时,欧盟将目标锁定为主张自由贸易和国际协调的日本,其外交战略的当务之急是加强与日本的全方位合作。一方面,欧盟有意愿发挥国际影响力,美欧关系出现裂痕,欧盟内部也出现了加强欧日关系的呼声。另一方面欧盟希望借助日本在印太地区发挥更大影响。欧盟与日本建立了多渠道、多层次的政治、战略对话,推动双边合作从政治对话转向加强行动上。

(二) 政策工具

在经济方面,欧盟与日本以 EPA 为先导打造全面经济伙伴关系。在政治方面,欧盟与日本以 SPA 为框架深化战略伙伴关系,在政治和安全方面相互借重。在全球治理层面,为应对区域和全球挑战方面的合作,包括日欧绿色联盟在内的双边合作,以 2019 年欧盟与日本签署的可持续互联互通伙伴关系协议为基础,日本继续支持欧盟全球门户可持续和优质基础设施的发展目标。在欧盟看来,其与日本的关系具有全球意义,可成为以合作方式处理世界政治、全球稳定和区域经济繁荣的典范。

欧盟对日政策的展望

2021年欧盟与日本在经贸、安全、全球治理等领域开展了诸多合作与对话。尤其值得关注的是双方在对话中对"印太"区域和平与安全问题的关注度也在持续增加。欧盟认识到需要学会像一个地缘政治大国那样思考,必须积极参与印太地区的大国博弈,否则将被边缘化。其安全及全球角色很大程度上取决于它在印太地区影响力的投射,该地区走向对重塑国际秩序影响重大。

2022年5月12日第28届欧日峰会的联合声明中这一议题再次凸显。欧盟强调,日本是欧盟在印太地区最密切的战略伙伴。双方要加强合作建立一个包容各方、基于法治和民主价值观、不受胁迫约束的自由开放的印太地区。

在地区层面,欧日强调支持东盟的团结和中心地位,寻求与东盟建立协同作用,支持东盟的《印太展望》战略（AOIP）。双方还谈及对朝鲜半岛、东海局势等地区安全议题的关切。在双边层面,决定进一步在印太战略中推进可持续互联互通和优质基础设施方面的伙伴关系数字和绿色合作,并就安全与防务,包括不扩散与裁军以及应对混合威胁等问题密切磋商。在多边层面,欧盟与日本的合作强调基于印太战略的合作框架下关键基础设施安全和供应链弹性。

概言之,欧盟与日本认为印太秩序已成为未来以规则为基础的国际秩序和多边主义的基石。其中中国因素的议题也被纳入欧日关于印太战略对话的关切。欧日基于印太战略的合作会依托欧日经济伙伴关系协定（EPA）、战略伙伴关系协定（SPA）和全球治理的合作基础继续拓展。

（本文发表于2022年5月27日。原载于复旦大学国际问题研究院中欧关系研究中心和上海欧洲学会共同发布的《欧盟的大国和地区政策(2021)》,原标题为《2021年欧盟对日本政策回顾》,此处内容经过作者修订。）

30. 苏纳克上任几天错误成堆？
英国经济面临三重困境

姜云飞,上海社会科学院世界经济研究所助理研究员

2022 年 11 月 5 日,数千人云集英国首都伦敦市中心,抗议生活成本过高,并要求立即举行大选。有抗议者向媒体表示,他们希望英国首相苏纳克和保守党政府下台。而《卫报》11 月 1 日一篇题为《苏纳克上台才几天,错误就已堆积如山》的评论称,尽管苏纳克向英国许诺了一个"乐观的新时代",但从他上任第一周的表现来看,最糟糕的情况还在后头。

国内外观察人士及苏纳克本人在他就职时指出,苏纳克政府的核心议程是稳定经济。然而,尽管金融市场的动荡得以暂时平息,但苏纳克政府想要恢复英国经济的稳定增长并非易事,因为当前的英国经济正面临三重困境。

经济增长低迷,财政政策却不得不紧缩

英国经济的长期低迷趋势在英国统计局的数据中有迹可循。从年度数据来看,英国的经济低迷始于脱离欧盟和疫情暴发的 2020 年,经济衰退幅度高达 11%,不仅为英国近 300 年历史之最,也在同年七国集团(G7)成员国中表现最差。虽然 2021 年实现 7.5% 的增长,但英国经济仍未能恢复至 2019 年底的水平。

高盛、英国央行等多个机构对英国明年的经济增长预期都较为悲观。从季度数据来看,英国 2022 年第二季度实现环比增长 0.2%,但这是自 2021 年第二季度实现复苏后的最低增速,经济减速的趋势明显。

从月度数据来看，英国 6 月的国内生产总值（GDP）已经收缩 0.6%，虽然 7 月取得 0.1% 的增长，但 8 月再次下降 0.3%，经济之低迷一目了然。

按照经济学理论，经济低迷时需要扩张的财政政策以刺激经济，但前首相特拉斯的减税预算案引起的市场震动说明，英国不仅无法实行扩张的财政政策，反而需要削减政府开支，也就是说需要实行紧缩财政政策。出现这一困境的原因在于英国政府高企的债务规模，但这并非长期积累所致。实际上，英国自 2016 年以来财政状况一直较为稳健，财政赤字占 GDP 的规模一直低于 5%，直到 2021 年才陡升至 15%。政府债务占 GDP 的比重在 2016—2020 年间都保持在 85% 以下，但 2021 年却一举达到 103.6%。

这一变化主要由新冠肺炎疫情下政府的大规模财政支持所致，2020—2021 年间，时任英国财政大臣的苏纳克出台的财政支持规模高达 3 440 亿英镑，远远超过特拉斯 450 亿英镑的迷你预算规模。因此，即使当前英国经济低迷趋势明显，但为了稳定金融市场对英国政府债券的信心，苏纳克政府却不得不紧缩财政，而这也意味着对经济的进一步打击。

通胀率高企，但货币政策大幅加息存在阻力

自 2021 年 5 月超过 2% 的目标值后，英国 CPI（消费者价格指数）增长率一路攀升，至 2022 年 7 月同比涨幅达到 10.1% 的历史高位，虽然 8 月略有下降，但 9 月再次回升至 10.1%。而包含了自有住房居住费用的 CPIH 统计指标，其增长率也于 9 月达到 8.8% 的高位。英国历史上最近一次经历如此高通胀是在 20 世纪 80 年代末，当时的经济困境尤其是高通胀最终部分导致首相撒切尔夫人于 1990 年黯然下台。英国此轮通胀的原因被普遍认为是俄乌冲突引起的能源价格上涨，及由此引起的食品、服务等价格上升。

按照经济学理论，抑制通胀率快速上升的有效途径是紧缩货币政策。然而，虽然英国的通胀严重程度已经超过美国，但其加息力度却明显低于美联储。疫情后，英国央行最早开始加息但幅度较小，在 2021

年底加息 15 个基点后,于 2022 年 2 月、3 月、5 月、6 月分别加息 25 个基点,后于 8 月、9 月分别加息 50 个基点,七次加息 215 个基点,基准利率升至 2.25%。美联储开启加息晚于英国央行,但加息幅度迅速提升,自 2022 年 3 月起 5 次共加息 300 个基点,基准利率达 3.00%—3.25% 区间。甚至欧洲央行的加息步伐都显示出后来居上之势,自 7 月起 3 次加息 200 基点。

英国加息的阻力主要来自对经济的担忧。英国经济走势不及美国,因此在加息路径上谨小慎微。同时,英国央行的独立性受损,在特拉斯减税引起债市波动时又不得不出手干预,买入政府债券的同时释放流动性,与紧缩政策相矛盾。在这一点上,欧洲央行独立性更强,其政策不会受到欧元区个别政府的直接影响。苏纳克政府推迟公布财政计划,被市场部分解读为重塑央行独立性。但如果英国央行加大加息力度,对当前低迷的英国经济而言无疑又是雪上加霜。

英镑汇率走软,但贸易逆差现状难以改善

观察近十年的汇率走势可以发现,英镑存在长期贬值趋势,其兑美元汇率从 2012 年初的 1.55 波动贬值至 2022 年 10 月底的 1.16,其间最高为 2014 年 7 月的 1.72,最低为 2022 年 9 月的 1.04。尤其是 2016 年 6 月脱欧公投以来,英镑的汇率一直在 1.30 左右的低位徘徊。就今年而言,英镑年初的汇率为 1.35,贬值幅度达 14%。

英镑近期的大幅贬值主要是因为特拉斯迷你预算引起的外汇市场震动,其次是因为加息步伐慢于美元。但从长期来看,英镑贬值存在三个成因,一是经济走势下行,货币反映一国经济实力,英镑币值也反映了英国国力的减弱。国际货币基金组织(IMF)的数据显示,英国作为全球第五大经济体的地位今年可能被印度取代。二是货币超发,虽然英国已开始紧缩货币政策,但其在国际金融危机期间的量化宽松尚未完全退出之时,又在新冠肺炎疫情期间再次放松银根,货币超发局面仍未改变。三是贸易逆差,世界组织(WTO)数据显示,英国货物贸易逆差自 2014 年起逐渐扩大,2021 年超过 2 200 亿美元规模。

显然,苏纳克政府短期内既难以扭转经济走势,也无法迅速紧缩货

币政策。最可行的就是增加出口改善贸易赤字。英国 2021 年的前五大出口市场中，欧盟国家占据四席，总量上远远超过处于首位的美国。但是英欧关系自 2021 年下半年以来出现障碍，双方围绕脱欧中的《北爱尔兰议定书》、海峡群岛捕鱼权等问题摩擦不断。苏纳克在就职演说中承诺要控制英国的边界，这将限制其改善英欧关系的途径和程度。因此英国短期内难以改善贸易逆差高企的现状，英镑要走出疲软存在困难。

相互交织的三重困境，不仅是对苏纳克任期的考验，也是对英国保守党政府的考验。苏纳克政府能否通过考验，且看近日的货币政策决议和财政报告出台后拭目以待。

（本文发表于 2022 年 11 月 9 日）

31. 如何研究多层面、多领域、多图谱的欧美关系？

徐明棋，上海欧洲学会会长

欧美跨大西洋盟友关系是我们所说的西方社会的基石，准确认知欧美关系的性质和变化，对我们把握世界格局的演变和走向具有重要的意义。在百年未有之大变局的当下，观察研究美欧关系的发展变化对于认识"世界进入新的动荡变革期"亦不可或缺。

跨大西洋盟友体系从建立到出现裂缝

第二次世界大战之后，美国将西欧国家纳入了受其保护的盟友体系之中，随着 1947 年马歇尔计划的实施和 1949 年北大西洋公约组织的建立，美国与主要的欧洲国家构建了与苏联对峙的跨大西洋盟友体系。在这个盟友体系中，美国处于政治、经济和军事的主导地位，欧洲国家仰仗美国提供的安全保护和大市场，走上了经济复兴的道路。为了与苏联竞争和对峙，也为了在经济上快速恢复和本身的相对独立性，西欧国家于 1950 年组建了欧洲共同市场，随后进一步升级为欧洲经济共同体，并且在 1993 年建成了欧洲联盟。在这个过程中，欧盟整体上与美国维持并且拓展了盟友关系，其中虽然经历了法国一度退出北约，欧盟为了自身大市场的经济利益与美国发生贸易摩擦等动荡和不和谐，美欧跨大西洋联盟总体稳定并且不断发展。

柏林墙的坍塌和苏联以及东欧国家政治体制的剧变，一方面给美欧跨大西洋联盟提供了进一步拓展空间的机会，另一方面也给这种盟友关系带来了一系列的挑战。多数脱离了苏联体系的中东欧国家选择

了加入欧盟和北约,美欧跨大西洋的盟友版图进一步向欧洲东部延伸,
美国取代了苏联成为中东欧最有影响力的主导性力量。但是与此同
时,欧盟内部原来的主导性国家,尤其是法德轴心的地位在中东欧国家
加入欧盟后被削弱,所谓"老欧洲"与"新欧洲"的不和谐在一定程度上
给大西洋联盟关系带来了冲击。欧盟及其成员国对欧美同盟关系从不
同的视角和领域进行了新的审视和调整,多样化的美欧双边盟友关系
露出端倪。

2008 年全球金融危机给美欧大西洋盟友关系蒙上了阴影。欧债
危机的爆发使欧洲一体化遭受重大冲击,货币金融领域的危机给欧盟
的经济实力带来重创,而美国受经济危机影响采取的各种应对措施也
加剧了欧盟对美国经济政策的质疑。美欧贸易摩擦加剧,在全球治理
问题上的不同看法增多,尤其是在应对气候变化上,美国特朗普政府与
欧盟背道而驰。美欧试图增强大西洋盟友关系,缓解贸易投资摩擦的
《跨大西洋贸易投资伙伴关系协定》(TTIP)的谈判也因为各自坚持维
护自己的经济利益而难以取得进展。携美国民粹主义民意上台的特朗
普入主白宫后,不仅终止了 TTIP 的谈判,而且启动了针对欧盟的新的
贸易战,欧美经济关系陷入第二次世界大战后的低谷。特朗普还公开
以美国提供的安全保护威胁,要求欧盟在经济关系上让步,并要求北约
的欧盟成员国加大对国防开支。这曾经一度令法国总统马克龙怀疑北
约的目标和作用,其著名的"北约脑死亡"说法成为美欧大西洋盟友关
系出现裂缝的重要象征。

美欧间的分歧、竞争与合作

尽管战后 70 年来欧洲通过政治经济一体化的努力,构建了货币经
济联盟和很多政治领域的战略自主目标,但是总体上欧洲在政治安全
和经济上对美国的高度依赖并没有实质性的改变。美国仍然掌控着跨
大西洋盟友关系的主导权。欧盟东扩后内部协调和团结一致的难度加
大,西欧主要国家经济实力的相对下降,也给美国左右美欧盟友关系提
供了更多的抓手。因此,欧盟对美国的不满,尤其是法国和德国对特朗
普政府的诟病并未使欧美大西洋联盟关系破裂,只是导致欧美在很多

领域的合作难度加大,欧盟提升自身战略自主的决心增强。

拜登政府上台后有意识地修补跨大西洋盟友关系。拜登政府有选择地搁置在敏感产业和产品上与欧盟的贸易摩擦,达成多个领域暂缓征收关税的协议,回到欧盟倾力推进的应对气候变化的《巴黎协定》,开展了与欧盟多个领域的科技贸易投资的协调,成立双边的"美欧贸易技术理事会"(TTC),并且通过高层的互访,加强美国与欧盟以及主要成员国家领导人的私人关系,全面修复美欧大西洋盟友关系。在全球治理问题上,拜登政府也有选择地配合支持欧盟的一些建议,回到了改革多边治理框架而非否定和抛弃多边国际组织的道路上,例如重新加入世界卫生组织(世界贸易组织)和联合国人权理事会,有条件地参与世界卫生组织(世界贸易组织)改革等。尽管这些动作并未能从根本上解决美欧之间贸易经济利益上的分歧和竞争,但是却缓解了美欧之间的不和谐气氛,美欧盟友关系有了一定程度的提升。

欧美跨大西洋盟友关系研究的思考

2022年2月俄乌冲突爆发,这一重大事件在欧美盟友关系发展史上将产生重大的影响。目前可以看到的是,欧美不仅暂时放下了贸易和投资上的争端,全力合作增强联盟关系提升北约军事行动能力,德国还从原来北约中相对低调和被动的成员转变为积极的行动者,宣布增加1000亿欧元的国防开支。芬兰和瑞典放弃中立国地位,申请加入北约,导致欧盟与北约合作关系有了新的进展。美欧大西洋盟友关系似乎上升至一个新的台阶。

尽管如此,美欧关系是多层面、多领域、多图谱的一种复杂关系。跨大西洋的盟友合作在一些领域的提升和增强,并不能涵盖全部的美欧关系。美欧在经济利益上的深刻分歧并不会因为地缘政治和安全领域合作关系的提升而弥合,最近欧盟对美国通过的《通货膨胀削减法案》中补贴美国企业的做法表示了愤慨,并表示要报复。这说明美欧大西洋盟友关系并非铁板一块。

在我们分析研究美欧关系的时候,既要着眼于欧盟层面与美国在地缘政治与意识形态基础上构建的战略盟友关系,也需要深入关注欧美之间在经济贸易、科技、法律、社会、全球治理等诸多方面的协调和矛盾,分析各自的同与异,并且将其放到跨大西洋盟友关系这个大框架下加以审视,还需要将欧盟成员国,以及欧洲的非欧盟成员与美国之间的双边关系放到美欧关系的总体背景下加以考察,分析它们在欧美盟友关系中的作用与影响。这样,我们才能有比较全面的、立体的定量和定性相结合的美欧关系的把握。

（本文发表于 2022 年 11 月 21 日。原载于上海欧洲学会和上海外国语大学欧盟研究中心共同发布的《欧美关系走向年度报告(2022)》,为该报告的序言,此处略有改动。）

32. "小集团"和大矛盾：经济与
科技领域的欧美关系

忻华，上海外国语大学欧盟研究中心主任，研究员

拜登政府上任以来一直很重视拉拢欧洲，多次将包括欧洲在内的美国盟友称作"美国最重要的战略资产"，希望欧美之间能够摆脱特朗普时期的相互对立与疏离的状态，恢复和巩固密切互动的同盟关系。面对美国主动抛出的橄榄枝，欧洲做出了积极的回应。2022年年初以来，随着中美竞争的加剧和俄乌冲突的爆发，欧洲对美国多有配合，甚至主动迎合。欧美战略互动呈现出逐渐机制化的趋势。从2022年2月至今，欧美领导层频繁碰头，几乎每个月至少有一次副部长级以上的双边会谈。技术与经济领域，欧美的沟通与磋商也日益频繁，形成战略联动。

当前欧美在技术与经济领域的战略共识

2022年上半年以来，欧洲周边的地缘政治形势日趋碎片化，而围绕高科技产业展开的国际经济竞争也更加激烈。美国希望借重欧美传统盟友关系来应对世界经济的深刻变局，欧盟则对"欧洲战略自主"的构想进行了反思和重新的诠释，承认美国的支持对欧洲而言必不可缺。欧美决策层和政治精英在技术与经济领域形成如下战略共识。

首先，欧美都认为，普适的多边主义推动的经济全球化进程已难以为继，必须以"小集团式的多边主义"取而代之。2022年4月13日美国财政部长耶伦在大西洋理事会的演讲，4月22日欧央行行长拉加德在彼得森国际经济研究所的演讲，5月13日拜登在"世界贸易周"活动

启动之时的演讲，5月17日耶伦在布鲁塞尔经济论坛上的讲话，5月26日美国国务卿布林肯在乔治·华盛顿大学发表的关于美国对华战略的演讲，都表达了这样的观点：欧美是"观念相似的合作伙伴"，是"地缘政治上可以互相信任的行为体"，因而欧美应在尖端技术研发、战略性产业的发展、贸易与投资、对外发展援助等领域组建排他性的"小集团"或"俱乐部"，在小集团内部构建没有关税壁垒的自由化的合作架构，在小集团以外采取共同或相似的排除机制。

其次，欧美都认为，宁可牺牲全球分工带来的效率，也要确保自身的"经济安全"和供应链的稳定，应该以"友岸外包"等形式重组全球供应链，以实现"供应链韧性"。2021年以来疫情的反复使全球商品的运输屡受影响，而俄乌冲突的爆发导致欧洲出现能源危机和粮食问题，陷入滞胀的泥潭，被负增长的阴影笼罩，也引起了美国的警觉。因而欧美政治决策层都越来越重视供应链的"安全"而不是"效率"。2022年2月出台的《欧盟战略依赖与能力》报告、3月出台的《美国总统贸易政策议程》和拜登所做的国情咨文演讲、5月欧委会主席冯德莱恩在世界经济论坛上的演讲、6月的《欧盟战略远见报告》和欧洲议会的《欧盟与印太安全挑战报告》、9月的《拜登政府经济蓝图文件》、10月的美国《国家安全战略》文件和《先进制造业国家战略》文件，无一例外都强调：要减少对"有地缘政治风险"的国家的"供应链依赖"，将重要部门的关键性供应链放在"友好国家"，鼓励"友岸外包"（friend shoring），以此重组供应链。2022年6月的七国集团（G7）与北约峰会也对供应链安全问题进行了详细的讨论。

欧美在高科技产业领域的战略联动态势

2010年以来的十余年间，对2008年国际金融危机的反思和以人工智能为代表的新一代技术的应用，催生了"第四次工业革命"的理念，进而加剧了世界主要经济体之间的高科技竞争。2017年特朗普政府上任以后，美国陆续出台具有经济民族主义色彩的产业政策，拜登政府上任后更是不遗余力地加快这一进程，在2021年6月出台《建造有弹性供应链、复兴美国制造业和促进有广泛基础的增长》文件，11月推动通过《基建投资与工作法案》,2022年8月促使《芯片与科学法案》生效,9月公布《拜登政府经济蓝图》文件和"推动生物科技与生物制造业创新"的行政命令,10月发表《2022国家制造业日宣言》和《先进制造业国家战略》文件。

欧盟同样在加速推进产业政策。2020年初欧盟领导层提出"欧洲战略自主"的目标后,建设"经济与技术主权"就成为欧洲政治精英孜孜以求的重要目标,而其主要内容,就是要发展欧洲可以自主掌握的尖端技术和前沿产业,改变美国高科技企业在国际市场独占鳌头的局面,为此欧盟在2020—2021年里陆续出台《欧洲产业战略》文件、《欧洲人工智能白皮书》《欧盟数据战略》《欧洲2030数字指南针》等60多份产业政策文件,并推出大幅度修改竞争政策的提案。2022年初以来又出台《欧洲工业5.0计划》《欧盟标准化战略》《欧洲芯片法案》《数据法案》提案、《欧洲增长模式》提案、《网络弹性法案》《能源系统数字化行动计划》等一百余份政策文件。欧盟希望能在新兴技术与产业领域与美国开展协作,得到美国的帮助。

值得关注的是,2022年上半年欧美各自推出芯片法案。2月8日,欧盟出台《欧洲芯片法案》文件,表示将在未来十年里对半导体产业投入至少430亿欧元,使欧盟在全球半导体总产量中所占份额提高10%。8月9日美国《芯片与科学法案》生效,美国政府将推动各界为半导体的研发与生产投入至少527亿美元。与此同时,美国和欧盟都提出了开展半导体生产的国际多边协作的设想,欧盟称为"芯片伙伴关系",而拜登政府称为"芯片四方联盟",欧美都希望与亚太地区的日本、韩国,以及中国台湾地区建立协作关系,联合研发和生产芯片,但拜登政府的"芯片四方联盟"不包括欧洲。此外,2022年5月16日的欧美"贸易与技术理事会"第二次会议也对欧美芯片生产合作前景进行了深入探讨。双方表示要加强沟通,增加彼此间的半导体价值链的"透明度",建立半导体产量变化的"预警机制"。

欧美在贸易与投资领域的互动新态势

2022年里欧美都在出台新的政策,意图加强针对中国和俄罗斯的高技术产品的出口管制,以保持自身在技术竞争和战略冲突中的有利位置。

同时美国加强了对欧洲的沟通,推动欧洲支持自己的出口管制政策。受其影响,欧盟在 2022 年 1 月 6 日将针对"双重用途产品"的出口管制与技术转让的新法规正式付诸实施,在 9 月 1 日出台关于新法规的执行情况的报告。同时欧盟还在 2022 年 2 月 8 日出台的《欧洲芯片法案》中明确表示,要与美国开展出口管制协作,防止最尖端的芯片技术外泄。2022 年 5 月 16 日"欧美贸易与技术理事会第二次会议联合声明"有 20 多处提到"出口管制",详细阐述欧美在这一领域开展合作的意向与规划。而 7 月 7 日欧洲议会研究部的一份报告也谈到相似的意向。

在投资领域,"战略性资产",也就是与最新前沿科技和国家安全密切相关的企业资产,成为欧美政治决策层和战略研究界关注的焦点。为保护"战略性资产",欧美都在着手实施更加严格的投资审查与限制政策。

2022 年 8 月出台的美国《芯片与科学法》中设立了明确的投资审查程序,对美国半导体生产商的对外投资施加严格的限制和监控。9 月 15 日拜登推出新的行政命令,大幅度强化美国外资审查委员会(CFIUS)的职能,在外资进入与半导体、人工智能与生物科技相关的产业时,实施更严密的"国家安全风险"评估。欧盟在投资领域也在加强相关决策。2022 年 6 月 23 日,欧洲议会出台关于"欧盟国际投资政策的未来"的决议,专列一章阐述在未来加强投资审查的规划。9 月 1 日欧委会推出投资审查年度报告,评估欧盟与其成员国对外来投资实施联合审查的运作情况。10 月 18 日欧委会又出台《加强关键性基础设施弹性的欧盟协调方案》文件,谈到为确保交通、能源和信息通信等产业的安全,将加强对这一领域的投资管理。而 5 月 16 日欧美"贸易与技术理事会"在其联合声明的附录 8 里详细阐述欧美在外资审查领域的合作意向。

欧美在地区合作与发展援助领域的"小集团式"的协作动向

当前欧美都在强调要将"价值观相似"的国家联合起来,结成紧密协作的排他性的双边或小范围多边架构,向非西方地区推行地区合作与发展援助政策。美国不断提出的新的宏观政策框架,而欧洲方面则步步追随。欧美联手向欠发达国家发动"魅力"攻势,以援助和地区一体化合作的名义加以拉拢。

5月23日拜登政府初次提出"印太经济框架",声称这一框架"将为21世纪的世界经济确立新的规则",希望通过这一框架来实现基建合作和"供应链弹性"等目标。欧盟高级代表博雷利在两周后的6月6日表示,欧洲在印太地区拥有"关键性的地缘政治与经济利益",应积极参与这一地区的合作,欧洲议会随即在6月7日出台《关于欧盟与印太安全挑战的决议》,对美国的构想作出回应。

6月27—29日的七国集团峰会上,拜登推出了"全球基建与投资伙伴关系"(PGII)架构,得到欧盟和欧洲几个主要大国的响应。同时欧盟也在推进对欠发达地区开展援助的"全球门户"计划,并拉拢美国为这一计划的实施共同出力。2022年10月14日美国与欧盟签署备忘录,在"全球门户"计划的框架里为非洲的绿色能源转型联合提供助力。

结　　语

拜登政府上台以来,尤其是2022年初以来,欧美之间呈现出相互靠拢的趋势,双边高层会谈的频率逐渐增加,双方决策层的战略意向与决策节奏更趋协调。实际上当前欧美战略沟通与协作的架构与拜登政府在亚太—印太地区经营的四方会谈机制(QUAD)和美英澳三边协调机制遥相呼应,共同构成拜登政府的全球战略同盟体系的拼图上的重要一块。

然而欧美之间自特朗普时期就已存在的矛盾并未根本改观。尤其是在经济领域,欧美矛盾较深,在尖端技术和对外金融领域甚至可以说矛盾大于共识。拜登政府迄今并未废除特朗普时期确立的对欧盟输美的钢铝产品的惩罚性关税,只是划出了一个免税的配额,在额度之外的关税依旧。2022年2月和8月欧美各自出台的芯片法有一点明显的差异:欧洲对美国怀有期待和依赖,希望借助美国的支持来推进欧盟的"数字转型"和相关产业的发展,但美国对欧洲并未表现出多少热情,欧洲多少有些"剃头挑子一头热"。这既是因为欧洲的数字技术及相关产业明显落后于美国,也说明美国无意让欧洲在半导体相关产业的国际合作中占据重要位置。在尖端技术和前沿产业的多个领域,欧美之间都存在明显失衡的实力对比,这使欧洲在欧美经济关系中处于相当不利的位置。

有鉴于此,我们可以借助中欧在贸易、投资和产业分工等领域已经形成的配合与协作关系,考虑利用欧美的矛盾,继续推进与欧洲的技术与经济合作,从而维系中欧关系的稳定,推动中欧关系的良性发展。

(本文发表于 2022 年 11 月 22 日。原载于上海欧洲学会和上海外国语大学欧盟研究中心共同发布的《欧美关系走向年度报告(2022)》,原标题为《经济与科技领域的欧美关系走向》,此处发表有删节。)

33. 博弈、妥协、合作:欧美政治与外交关系的走向

龙静,上海国际问题研究院欧洲研究中心副主任

以 2020 年底拜登在美国总统大选中获胜作为观察起点,在近两年时间里,欧美之间围绕"修复"和"拓展"两大任务,频繁展开政治与外交互动。

欧美政治与外交关系的修复之旅

"修复"主要指的是拜登政府对此前特朗普时期有损跨大西洋关系的一系列政治与外交行为采取纠偏举措。特朗普时期对跨大西洋关系造成的损害从政治和外交角度来看,主要包括:在国际层面,退出伊朗核协议、《巴黎协定》、《中导条约》、世界卫生组织、联合国教科文组织等一系列多边协定和国际机制,与欧盟支持和维护国际多边主义体系,通过多边主义应对全球各类挑战与危机的外交原则及目标背道而驰;在双边层面,不断对欧洲政治和政策进行负面评价,"唱衰"欧洲一体化进程;支持英国脱欧;对西欧传统盟国的领导人恶语相向,但同时又与欧洲极右翼力量过从甚密,挑战欧洲主流政党,加剧"新老欧洲"之间的裂痕。在特朗普时期,欧美一直存在着的但被共同历史和共享价值观掩盖的多重分歧被毫无保留地暴露出来,导致欧美政治与外交关系处于历史低谷。

在 2021 年初拜登赢得美国大选后,欧美双方相向而行地开启了跨大西洋关系的修复之旅。尽管疫情反复,但拜登以每年访问欧洲两次的节奏,先后出席了在欧洲国家召开的七国集团峰会、北约峰会、欧美

峰会、二十国集团峰会和《联合国气候变化框架公约》第26次缔约方大会(COP26)等多边外交活动,与欧盟机构和主要欧洲盟国领导人进行会晤。

在这些频繁的政治互动中,拜登政府表现出与前任诸多的不同之处。其一,重视欧盟地位。不同于特朗普轻视欧盟机构,否定一体化成就,侧重与南欧和中东欧次区域内的个别成员国发展双边关系的特点,拜登连续两年访问欧盟总部,应邀出席欧洲理事会会议,与欧盟机构主要领导人交换意见,并和欧盟委员会主席冯德莱恩就俄乌冲突等重大国际事件发表联合声明,表现出对欧盟作为一支独立的国际关系行为体的认可和重视。

其二,与特朗普相反的"厚此薄彼"。特朗普在其执政期间,弱化同法德等传统西欧盟国的政治与外交联系,却重视强化与中东欧地区国家的关系提升。他本人及国务卿蓬佩奥先后访问过波兰、捷克、罗马尼亚等诸多中东欧国家,积极支持"三海倡议"等次区域合作框架。相比之下,拜登更重视与法国、德国等欧洲核心国家和传统盟友的关系修复。例如,拜登政府在2022年初俄罗斯对乌克兰发动特别军事行动之前,一度宣布放弃对"北溪2号"能源管道项目的制裁,具有明显迎合德法利益诉求、搁置中东欧国家安全关切的政策取向。不过,随着俄乌冲突的不断升级,中东欧国家又重回美国政府外交战略中的重点位置。2022年3月,拜登访问波兰及其境内的美军基地,肯定了波兰在援助乌克兰反击俄罗斯的特别军事行动中发挥的作用。

其三,将价值观共识作为修复欧美关系,巩固跨大西洋关系基石的着力点。对于当前的欧美关系而言,强调既往历史显得过于空洞,长期存在的经贸分歧涉及巨大的经济利益,双方也只是通过暂停加征报复性关税或搁置相关提案的方式,达成临时性"休战",但难以快速彻底地解决争端。因此,民主、自由、人权等西方价值观成为当前欧美之间最为坚实的共同基础和合作路径,也契合双方都积极推动的"价值观外交",成为双方在国际舞台上联合发力的主要领域。2021年12月9日,欧洲理事会主席米歇尔和欧盟委员会主席冯德莱恩共同出席美国主办的"民主峰会",表达对美国构建"民主联盟"的支持,是跨大西洋关系强化价值观纽带的有力证明。

欧美政治与外交关系的拓展与提升

事实上,无论是美国,还是欧洲,双方都并不希望这场修复仅仅是对特朗普之前跨大西洋关系的简单回归,而期待能够在修复双边关系的同时添加更多新的内容。

从欧盟的角度来看,欧盟希望新的跨大西洋关系能够更多地体现出平衡、规制和团结等特征。这些期待充分体现在欧盟于 2020 年 12 月发布的《全球变局下的欧美新议程》这一指导性文件中。欧盟选择在拜登竞选获胜但尚未就任期间抢先发布这份文件,就是想要从欧洲整体利益和价值理念的视角出发,"主动出击"式地对跨大西洋关系的未来图景进行"改造"和"塑型"。"平衡"是指双方不再仅仅是保护与被保护的盟友关系,而是在军事安全等多重领域相互协助、彼此信任的伙伴。换句话说,欧盟希望能够继续朝着"战略自主"的方向发展,并得到美国的认可和支持。

规制方面,欧盟希望美国能够与其一起,共同支持、呼吁、维护和巩固基于规则的多边主义体系,推动传统多边机制通过改革建立更合理、更有效的国际规则体系,重新发挥作用。欧盟还希望在数字经济、人工智能等产业新疆域发挥引领国际标准与规则制定的作用。尽管欧盟在上述新疆域的技术水平和产业竞争力明显滞后于美国和一些亚洲国家,但作为世界公认的规范性力量,欧盟致力于成为上述领域标准与规则制定过程中的引领者,甚至主导者,希望借此克服实力不足的缺陷,实现维护自身利益、牢牢把握国际话语权的目的。

团结性是指欧盟希望能够和美国重新在民主、自由、人权等价值观领域增进共识,形成更紧密的合作关系,恢复西方世界面对非西方世界的所谓制度优越性和吸引力,维护好欧美居于道义制高点的地位与形象。同时,在许多全球事务的磋商和地区问题的谈判进程中,欧方希望能够同美方实现信息共享、决策透明、政策沟通,充分展现盟友关系的真正价值。

拜登政府则希望借助跨大西洋关系的修复,回归国际事务核心领导者的地位。例如,拜登在 2021 年作为美国总统首访欧洲、出席北约峰会之际，重申美国对《北大西洋公约》第五条款，即集体防御条例的义务，强调北约对美国的重要意义，也借此驳斥了法国总统马克龙曾在2019年对北约作出的"脑死亡"的"诊断"，凸显了美国在地区安全议题上的领导身份。拜登政府不仅宣布重返《巴黎协定》，还在2022年4月和欧盟共同发布能源安全联合声明，明确减排目标，保障欧洲能源供应，规划工业脱碳进程，借此重新树立起在节能减排和能源安全领域的引领者地位。

拜登政府对欧美关系的另一大诉求，则是希望欧美之间的相互配合与联手行动可以产生更大的辐射效应，助推美国的全球战略。在2022年2月俄罗斯对乌克兰采取特别军事行动后，欧美快速协商，达成一致，联手推出了多轮对俄制裁，表现出西方阵营多年难见的团结一致。

欧美政治与外交关系依旧面临严峻挑战

在拜登上台后的两年时间内，欧美之间表现出政治关系大幅改善，外交政策相互协调，对外战略相向而行的总体态势。但是，渐行渐远的地缘政治与地缘经济利益差异，隐藏在看似得到修复和拓展的双边关系之下，并在以下国际局势剧变的催化下，多次引发欧美政治与外交关系受损。

一是2021年8月阿富汗局势的突变和美国的强行撤军。拜登政府在塔利班快速推进、欧洲盟友尚未做好充分撤离准备的情况下，拒绝盟友希望美方推迟撤军行动的请求，引发所谓"对阿富汗人民、西方价值观和信誉，以及国际关系发展的灾难"。

二是2021年9月美、英、澳三方突然签署协议，宣布建立三边安全伙伴关系（AUKUS），且美英支持澳大利亚获得核潜艇，并提供技术支持。AUKUS的突然宣布，引发法国愤怒和欧盟震惊，因为该协议不仅直接推翻了法澳之间有史以来最大的国防合同，更由于未向欧洲大陆上的盟友进行咨询和提前告知，重蹈了特朗普政府以"美国优先"为外交原则采取单边行径的覆辙。

三是俄乌冲突的升级和延续。俄罗斯对乌克兰采取特别军事行动后,尽管欧美之间的立场和政策协调是迅速高效的,但随着战事的拖延,给跨大西洋两岸带来的经济损失、政治代价和社会成本存在巨大差异。2022年内,欧洲各国均不同程度地陷入能源紧缺、物价飞涨、经济衰退、社会动荡的困境中。但与美国捆绑在一起的对俄立场和严厉制裁,仍在不断扩大欧洲各国经济受损程度和社会的分裂程度,加剧俄罗斯与欧美之间的对抗力度,更增加了各方以重回对话谈判解决冲突的外交路径的难度。

对欧美政治与外交关系的前景展望

不可否认,在国际格局处于百年未有之大变局的时代中,为了抗衡大国力量对比加速变化的大势,修复更有利于欧美利益的现有国际多边主义体系,欧美依然是最为亲密的盟友和最重要的战略伙伴。欧美在政治与外交领域的互动,作为欧美特殊关系最核心的展现,将在未来呈现出博弈、妥协和合作交替发生、日趋频繁的发展态势。

首先,欧美双方将保持全方位的频繁互动与深入合作。在"东升西降"的大势之下,欧美都清楚,只有加强内部沟通与协调,维护好相对团结一致的立场和政策取向,采取更多联合举措,才能更有效地应对以中国为首的新兴力量构成的竞争压力,维护好自己在金融、科技、制度、文化等各个领域的主导地位。因此,在这样的共识下,欧美未来将在更广泛的领域采取发表联合声明、建立合作机制、推行共同倡议等路径,强化双方政治与外交关系。

其次,在维护各自利益的原则之下,双方的诉求更现实、博弈更激烈、交易更明显。当前,"美国优先"已然成为美国全球战略的"常态化"内在逻辑,不会随着"掌门人"的更替而发生根本变化。同样,欧盟在"战略自主"理念的激励下,对欧洲整体利益的认知也在逐步走向清晰和成熟。欧美的利益分化使得双方将在今后的政治与外交互动中展开更激烈的博弈,通过交易和妥协,来换取对方对自己居于首位的战略部署的支持和协助。

第三,中国因素在欧美政治与外交关系中的重要性将继续上升。为了获得欧盟在围堵中国方面的支持,美国将可能在欧美经贸摩擦、能源供应、地区安全等多个领域作出更有利于欧盟的决策。同样,欧盟也将积极利用"中国牌",拖住美国全球战略"过于自我"的步伐,强化自己在国际舞台上的软硬实力。

（本文发表于 2022 年 11 月 23 日。原载于上海欧洲学会和上海外国语大学欧盟研究中心共同发布的《欧美关系走向年度报告(2022)》,原标题为《政治与外交领域的欧美关系走向》,此处发表有删节。）

34. 欧美安全与防务关系持续
提升威胁世界和平

杨海峰,上海欧洲学会秘书长

随着拜登政府上台执政,欧美关系整体回暖,双方的安全与防务关系更是明显提升。尽管欧美安全与防务关系在 2021 年经历了阿富汗撤退、美英澳组建"三边安全伙伴关系"(AUKUS)等事件的冲击,但2022 年初爆发的乌克兰危机迅速成为双方安全与防务领域的优先事项,有力推动了双方协作的加强。从欧盟的《战略指南针》、美国的《国家安全战略》和《国防战略》,以及北约的《战略概念》等一系列重要报告和相应举措可以看出,欧美都在积极发展安全和防务力量,并高度重视对方的作用,双方试图构建起一种更加互利互补的安全与防务关系。但不可否认,欧美在安全与防务的力量上存在显而易见的差距,在意图上存在无法忽视的差异。欧美安全与防务关系的走向对应对俄乌冲突、伊朗核问题等可能持续或升级的国际危机都将产生深远影响。

欧美安防关系在拜登执政后有了明显提升

欧盟及其成员国与美国的安全与防务关系是欧美双边关系中的一个主要基石。该关系以北约为重要纽带和框架,其外延和内涵在不断扩展。以欧盟《安全与防务战略指南针》(A Strategic Compass for Security and Defence)为例,虽然没有对安全与防务的内容进行直接和明确的界定,但从其对相关威胁的描述可以看出,安全与防务所涉内容越来越宽泛,包括战争、国家间的战争、领土吞并、恐怖主义、暴力极端主义、有组织犯罪、混合威胁、网络攻击、武器扩散,以及气候变化、不正常的移民与难民、全球健康危机等。

根据调查,对于相当一部分欧美公众来说,2021 年面临的最大安全挑战有新冠肺炎疫情、气候变化、恐怖主义以及移民难民等,而在 2022 年面临的最大安全挑战则成了气候变化、国家之间的战争、俄罗斯以及移民难民等。面对如此种种威胁,拜登政府执政后,欧美在安全与防务领域加强合作,明显提升了双方关系。

早在拜登参加美国总统选举获胜之初,欧盟委员会就于 2020 年 12 月发布《全球变局下的欧美新议程》(A New EU-US Agenda for Global Change),并将全球行动与安全作为议程中的四大中心领域之一,提出建立结构化的欧盟——美国安全与防务对话,基于共同的战略愿景并采取全面的安全措施,包括就各自的安全和防务倡议、危机管理、军事行动和双边安全事项进行跨大西洋合作的可能性进行交流。

拜登在 2021 年 6 月访问欧洲参加北约峰会和欧美峰会,欧美双方发布《建立新跨大西洋伙伴关系的欧美峰会声明》,计划就安全与防务展开专门对话,并在这一领域开展更密切的合作。2022 年 4 月,欧美在布鲁塞尔举行首次安全与防务对话。按照欧盟对外行动署的说法,此次对话是欧盟和美国在安全和防务领域建立更紧密伙伴关系的重要里程碑。

从一些欧美知名智库对欧美关系的研究报告看,欧美双方对拜登执政时期的欧美安全与防务关系的评价明显好于对特朗普执政时期的评价,这与双方对欧美总体关系评价的变化趋势较为一致。与此同时,布鲁金斯学会的研究报告对拜登执政时期的欧美安全与防务关系的评价甚至还要高于对欧美总体关系和其他领域关系的评价,并且这种评价在乌克兰危机后达到新高。

欧美双方在乌克兰危机中进行了有效协作

乌克兰危机成了提升欧美安全与防务关系的重要契机,合作应对乌克兰危机则成了欧美安全与防务关系提升的显著体现。在 2021 年经历了阿富汗撤退、美英澳组建"三边安全伙伴关系"(AUKUS)等事件的冲击后,2022 年初爆发的乌克兰危机迅速成为欧美双方安全与防务领域的优先事项,有力推动了双方在该领域的协作。

2022 年 2 月 24 日,乌克兰危机爆发。在 10 个月里,欧美从上至下、从政策到行动,围绕援助乌克兰、打击俄罗斯开展了大量工作。美国总统拜登于 3 月和 6 月两次访问欧洲参加北约峰会。3 月 30 日,欧美在华盛顿举办首次对俄高级别对话,重点讨论了双方旨在结束俄罗斯发动的针对乌克兰的特别军事行动的战略目标和政策协调。美国国防部长奥斯汀于 4 月在德国拉姆施泰因空军基地牵头成立乌克兰防务联络小组,后以每月一次的所谓"拉姆施泰因模式"会议协调几十个国家讨论军事援助乌克兰等事宜。

到 2022 年 10 月,欧盟和北约已经将现有坦克的 2%、榴弹炮的 4%、多管火箭发射系统(MLRS)的 5%提供给了乌克兰。欧盟首次通过欧洲和平基金(EPF)向乌克兰提供了致命性武器。在援助方面,美国对乌援助总额超过 520 亿欧元,其中军事援助达到 240 亿欧元;欧盟对乌援助总额相对较少,但也达到 290 多亿欧元,其中军事援助有 120 亿欧元。欧盟并已计划在欧盟内训练 1.5 万名乌克兰士兵。除了援助乌克兰,欧美还对俄罗斯进行了多轮制裁。

力量持续发展成为安全与防务关系提升的基础,但大小存在差距

欧盟近年来接连出台《欧洲防务行动计划》《安全与防务战略指南针》等多项旨在建成欧洲防务联盟的重要政策文件,其安全与防务力量得到不断发展。在研发和采购方面,欧盟委员会在 2021 年 6 月底正式启动由欧盟预算出资的欧洲防务基金,其多年度预算总额约为 80 亿欧元,主要用于协调、补充和扩大成员国的防务研发投资以及国防设备与技术的采购。

2022 年 7 月,欧洲防务基金资助了总额近 12 亿欧元的首批 61 个项目,帮助成员国合作研发下一代战机、坦克和舰船等防务能力和开发关键防务技术。在人员和任务方面,欧盟在共同安全与防务政策下已经有 18 个进行中的危机管理任务和行动,参加人数达到了 4 000 多人。在此基础上,欧盟理事会在 2022 年 3 月通过的《安全与防务战略

指南针》进一步计划在年内组建包括陆、海、空和网络力量在内的5 000人快速反应部队,并于2023年开始常规训练,2025年可在危机中迅速部署开展行动。当然,和北约一样,欧盟层面的主要经费和人员都来自成员国。丹麦在2022年6月公投同意加入共同安全与防务政策,这为欧盟安防力量的增加进一步提供了助力。

对于现阶段的欧盟安全与防务力量来说,欧盟层面的发展具有象征意义和引领作用,而其实质性发展仍在法德等成员国层面。在欧盟1.8万亿欧元的"多年度财政预算框架(2021—2027)"中,属于安全与防务领域名下的预算只有132亿欧元。相比之下,法国近来每年的国防预算是400多亿欧元,未来争取达到500亿欧元。德国总理朔尔茨在今年2月宣布总额为1 000亿欧元的特别基金支出计划,用于未来五年联邦国防军的现代化。德国政府在2022年7月批准的2023年国防开支将超过500亿欧元。欧盟及其成员国安全与防务力量的持续发展为欧美安防关系的提升打下更为稳固的基础。

不过,根据瑞典斯德哥尔摩国际和平研究所在今年4月发布的世界军费趋势数据显示,尽管美国在2021年的军费支出比2020年减少1.4%,但仍然高达8 010亿美元,占整个世界军费支出的38%,远高于整个欧洲地区4 180亿美元的军费支出。仅从这一点就可以看出,欧美在安全与防务力量上存在很大差距。

重视对方作用成为安防关系提升的
保障,但程度存在差别

对于欧盟及其成员国来说,美国对欧洲的安全保证具有至关重要的作用。相对而言,靠近俄罗斯的中东欧国家更为依赖美国的安全保障,而法国等远离俄罗斯的国家更为强调安全与防务的独立自主。

在拜登胜选后,欧盟外交与安全政策高级代表博雷利马上表示,希望他对跨大西洋安全联盟能有坚定的承诺。在美国国防部长奥斯汀宣布取消从德国撤军后,时任德国防长卡兰普-卡伦鲍尔(Annegret Kramp-Karrenballer)对驻德美军不减反增的计划表示欢迎。根据德国马歇尔基金会和贝塔斯曼基金会在2021年的调查显示,大部分受访的欧洲人对美国参与欧洲安全与防务持积极看法,希望美国能继续保护欧洲大陆,其中波兰人的支持率高达 84%,德国人和法国人的支持率相对较低,分别为 69% 和 55%,但都比 2020 年时增长 10%。在 2022 年俄乌冲突爆发后,类似调研显示,希望美国参与欧洲安全与防务的欧洲人进一步增加,波兰等中东欧国家的支持率继续名列前茅,法国人的支持率增长 5%,而瑞典人的支持率则从一年前的 45% 增长到 72%。这种情况下,瑞典和芬兰公投赞同加入北约。

对于美国来说,不管是特朗普政府还是拜登政府执政,欧洲在美国的全球战略版图中始终占有重要位置。首先,欧洲是美国对抗俄罗斯的前沿阵地。其次,欧洲为美国在当地设置军事存在和投射力量提供了极大便利。第三,欧盟及其成员国具有比较强大的安全与防务力量,可以在正常情况下发挥维护欧洲自身安全、稳定周边乃至更远地区局势的作用。美国两届政府不同的是,特朗普政府强调"美国优先",认为欧洲在安全与防务上面承担的责任、发挥的作用还不够,进而反复指责一些欧洲盟友在军费支出上没有达到占国内生产总值(GDP)2% 这一目标,是在占美国军事力量的便宜,而拜登政府则更多强调"依靠盟友",欧美在安全与防务上一起承担责任、发挥作用,不仅在执政之初就取消了从德国撤军的命令,更是在俄乌冲突的刺激下,迅速将驻欧美军增加到 10 万人。

欧美都重视对方在安全与防务方面的作用,这为双方安全与防务关系的提升提供了保障,但双方的重视程度显然存在差别。尽管拜登政府比特朗普政府更加重视欧洲,但并不能改变美国已经将最大的重心转移到亚太的事实。美国发展驻欧美军快速应战能力的欧洲威慑计划(EDI)的 2023 年预算为 42 亿美元,而其类似的太平洋威慑计划在 2023 年的预算则达到 61 亿美元。

期待互利互补成为安防关系提升的
动力,但解读存在差异

欧盟希望欧美能形成一种互利互补的安全与防务关系。欧盟的《战略指南针》指出,欧盟与美国的伙伴关系具有战略重要性,双方必须

以互利(mutually beneficial)的方式深化在安全和防务方面的合作。同时,北约是其成员集体防御的基础,欧盟与北约相辅相成(complementary)。2022年俄乌冲突再次证明欧盟与北约的战略伙伴关系对欧洲—大西洋安全至关重要,双方将继续开展密切互利的合作。北约的《战略概念》对欧盟关于双方关系的提法给予了积极回应,指出欧盟是北约一个独特且关键的伙伴,双方在支持国际和平与安全方面发挥着互补作用。《建立新跨大西洋伙伴关系的欧美峰会声明》则表示欧美要就安全与防务领域的密切互利合作展开讨论。

欧美期待双方在安全与防务领域能够实现互利互补,这给双方关系的提升带来动力。欧盟在2016年提出与北约加强合作,其后双方共提出了包括军事机动性(military mobility)项目在内的76项共同提议,到2022年发布了第7份实施进展报告。2022年的欧盟北约共同提议实施进展报告指出,受到各方高度重视的军事机动性项目已经成为欧盟与北约合作的旗舰项目。美国受邀参加欧盟永久结构性合作(PESCO)下的军事机动性项目也被视作为欧美在安全与防务方面建立更紧密伙伴关系的重要一步。

不过,对于究竟是怎么样的互利互补,欧美两者的解读其实又存在一定差异。美国作为全球霸权,自然希望欧洲在它的领导下能够承担起更多的安全与防务责任。拜登政府理解的互利是欧洲要为美国和北约增加军费、资源和贡献。拜登政府理解的互补是同意欧洲开展防务投资、发展安全与防务力量,但前提是在北约框架下或者至少不与北约发生冲突。美国的这种意图在其2022年《安全战略》中展露无遗。欧盟深感美国霸权的反复无常,自然希望实现战略自主,提出要在美国和北约不提供支持时能依靠自己的安全与防务力量独立行动,在发展自己安全与防务力量的基础上与美国和北约开展更好的合作,形成一种更加平等的互利互补关系。

欧美安全与防务关系应会继续提升,或对世界和平产生更大不利影响

拜登政府执政以来,欧美积极发展安全和防务力量,高度重视对方

的作用,双方试图构建起一种更加互利互补的安全与防务关系。但不可否认,欧美在安全与防务的力量上存在显而易见的差距,在意图上存在无法忽视的差异。

拜登政府即将迎来其四年执政的下半程,美国国内政党纷争和政治分歧更趋激烈。与此同时,乌克兰危机无法迅速缓解,欧盟及其成员国受其持续冲击影响,政治、经济与社会各方面矛盾进一步显现。这些情况都会给欧美双方的安全与防务政策带来更多不确定因素。但从当前阶段的国际地缘政治、国内民众意向,特别是双方 2022 年先后出台的欧盟《战略指南针》、北约《战略概念》,以及美国《国家安全战略》和《国防战略》等一系列重要文件和相应举措看,欧美积极发展安全和防务力量并高度重视对方作用的态势不会出现突然中断,安全与防务关系继续提升的走向不会产生重大转折。

从 2021 年的经验看,即使出现一些突发事件的冲击,欧美安全与防务关系也有一定的承受力和复原力。欧美安全与防务战略和政策都将俄罗斯等国家视作对手或者竞争者。这种情况显然会给世界和平带来极大挑战和威胁,增加俄乌冲突、伊朗核问题等进一步发展成为持续或升级的国际危机的可能性。欧美安全与防务关系的持续提升不仅无法有效管理国际危机,反而会成为和平挑战和威胁的放大器。

(本文发表于 2022 年 11 月 25 日。原载于上海欧洲学会和上海外国语大学欧盟研究中心共同发布的《欧美关系走向年度报告(2022)》,原标题为《安全与防务领域的欧美关系走向》,此处发表有删节。)

35. 2023 年中欧关系可能出现新窗口

严少华,复旦大学中欧关系研究中心副研究员

2022 年是欧盟历史性的一年,欧盟对华政策也是如此。在新冠肺炎疫情、俄乌冲突、能源与通胀危机的多重冲击下,欧盟艰难地延续其对华政策调整的步伐。2022 年 10 月,在卢森堡召开的欧盟外长会议集中讨论新形势下的中国议题,经济竞争与制度性对抗则成为此次欧盟对华政策讨论的焦点。这次会议讨论和考虑了俄乌冲突背景下中欧关系面临的新形势,为欧盟新的对华政策奠定了基调。

与往年相比,2022 年欧盟对华政策打上了俄乌冲突的深刻烙印,甚至在某种程度上被俄乌冲突所"绑架"。在继续强化原有"三分法"(合作、竞争与对抗)对华定位的基础上,2022 年欧盟对华政策体现出一些新的认知和政策思维,尤其是在政治、经济和安全领域。这些变化背后有欧盟内部因素与美国因素的作用,也有俄罗斯因素的影响。在俄乌冲突的背景下,欧盟对俄政策的一些思维开始频繁出现在欧盟对华政策的讨论和实践中。

与此同时,2022 年欧盟对华政策仍然表现出一丝难能可贵的务实和理性。以 2022 年 11 月德国总理朔尔茨和欧洲理事会主席米歇尔访华为代表,欧盟尝试以接触的态度改善对华关系,其对华政策也开始发出一些积极的信号。这表明欧盟不必然要走向对华冷战对抗的道路,在中欧双方坦诚对话的情况下,通过对欧洲利益的理性考量,欧盟仍然可能奉行相对务实的对华政策。

2022 年欧盟对华政策新趋势与新变化

俄乌冲突爆发后,欧盟对华政策与对俄政策讨论几乎同步进行。有关俄罗斯以及俄乌冲突的讨论中,中国往往被"牵扯"进去。因此,俄乌冲突既强化了欧盟对华政策中的一些既定思维,也导致欧盟对华政策出现一些新的趋势与变化。这种变化主要体现在政治、经济与安全领域。

(一) 政治上,欧盟对中俄进行政治"捆绑"

俄乌冲突强化了欧盟内部对中俄进行政治"捆绑"的倾向,并促使欧盟重新思考如何与具有不同政治体制的国家打交道。俄乌冲突前,欧盟与美国就已经在政治与意识形态领域开展对华战略协调。尽管这种协调下欧盟采取了更加强硬的对华政策,但欧盟对华政策并没有出现根本性的改变,欧盟仍然维持其对华政策"三分法",并将合作放在了第一位。"在多面性中寻求平衡"是欧盟对华政策的主基调。

俄乌冲突的爆发开始打破欧盟对华政策"三分法"之间的平衡,欧盟对华政策日益向"制度性对手"的方向倾斜,竞争成为欧盟对华政策的核心共识。俄乌冲突在政治层面给欧盟对华政策带来两个相互关联的变化。一方面,欧盟对中俄关系性质的认知发生改变,欧盟在官方话语中对中俄进行政治捆绑的倾向更加明显。另一方面,中国在俄乌冲突上的平衡立场被欧盟解读为所谓"亲俄中立",导致欧盟在战略上与美国进行更加紧密的捆绑,并在涉及中美战略竞争的一些关键议题上更加倒向美国。

(二) 经济上,欧盟重新审视对华经贸合作

俄乌冲突导致欧盟重新思考两个与经贸合作有关的重要问题。一是经贸合作"压舱石"论。长久以来,经贸合作被视为中欧关系最重要的支柱和"压舱石",在德国倡导的"以贸促变"理念下,欧盟对深化中欧经贸合作态度积极。但这一理念在俄乌冲突后面临越来越大的挑战和质疑,德国经济部长哈贝克(Robert Habeck)表示德国对华贸易政策"不再天真"。德国正在制定新的对华政策,欧盟也在酝酿若干影响中欧经贸关系的法案。这些新政策与法案背后的共同点都是不再简单视经贸依赖为"压舱石",而是要通过降低对华经贸依赖,平衡对华经贸依赖带来的收益与风险。

二是经贸依赖"武器化"问题。欧盟与俄罗斯之间以能源为工具进

行的制裁与反制裁也加剧了欧盟对中欧经贸依赖"武器化"的担忧。在俄乌冲突前,欧盟就以所谓"经济胁迫"来定义中国针对立陶宛违反"一个中国"原则而实施的贸易制裁,并以此为借口大力推动出台所谓"反胁迫工具"。俄乌冲突迫使欧盟加快这一工具的立法进程,以适应新的地缘经济秩序。中欧互为彼此最大的贸易伙伴之一,这一工具的出台势必对中欧经贸合作产生冲击。

(三) 安全上,欧盟开始将中国纳入安全战略考量

传统上,地缘政治与安全等"高阶政治"议题在中欧关系中的位置并不显著,这在很大程度上是因为中欧在彼此的区域都没有根本地缘政治冲突,这也构成中欧关系区别于中美关系的一个显著特征。随着大国竞争和地缘政治局势的紧张,地缘冲突与传统安全议题逐渐进入欧盟对华政策议程,并占据越来越重要的位置。

俄乌冲突提升安全考量在欧盟对华政策中的分量,主要体现在三个方面。一是欧盟对中俄战略协调,尤其是安全合作的关切加深,这一点在中东欧国家表现得更为明显。中东欧国家视俄罗斯为首要威胁,而中俄安全合作可能改变欧盟对中国在欧洲安全角色的认知;二是欧盟对"印太"局势,尤其是台湾问题的关注加深。传统上,欧盟对台湾问题持低调务实的态度,认为台湾问题主要是美国的战略关注重点。俄乌冲突后,欧盟内部"亲台"势力借机渲染台海发生冲突的风险,提高台湾问题在欧洲的"能见度";三是欧盟整体安全战略中将中国与俄罗斯一并纳入考量。2022 年 3 月,欧盟出台的首份防务白皮书《战略指南针》中,中国与俄罗斯都出现在欧盟对安全挑战所做的评估中。虽然这并不代表欧盟视中国为"安全威胁",但仍然是值得关注的新趋势。

2022 年欧盟对华政策变化的原因

2022 年欧盟对华政策的变化是多重因素叠加的结果,其中既有欧盟内部因素与美国因素,也有俄罗斯因素的影响。

（一）欧盟内部因素

在欧盟内部，新冠肺炎疫情以及俄乌冲突强化了欧盟对中国的负面认知。在"反俄"成为政治正确的舆论环境中，中国在欧洲的形象受到牵连。欧洲媒体对中国立场的曲解，进一步强化了欧洲公众对中国的负面认知，让中国在欧洲的舆论环境中处于十分不利的地位。在欧洲舆论对中国不友好的气候下，"对华强硬"成为一些欧洲政客捞取政治资本的捷径和弥合欧洲政治"极化"的一种手段。此外，俄乌冲突后，中东欧国家在欧盟决策中的地位和影响力上升。而中国与立陶宛关系的恶化以及中俄关系的走近让中东欧国家对中国多有不满，从而对欧盟对华决策产生不利的影响。

（二）美国因素

美国因素一直是影响欧盟对华政策的一个结构性因素。拜登政府上台以来加强了与欧盟的对华战略协调，在意识形态、经贸投资、科技创新以及地缘政治等领域与欧盟协调更加一致的对华政策，使得美国因素在中欧关系中的影响更加突出。2022年俄乌冲突后，欧盟在安全、战略以及关键的能源问题上对美国的依赖加深，战略自主性受到压制，因此在对华政策上更加容易受到美国的影响。在安全与防务、投资审查、对华技术出口管制以及台湾问题等地缘经济与地缘政治议题上，美国因素在2022年欧盟对华政策中的影响都更加突出。

（三）俄罗斯因素

2022年欧盟对华政策的另一个重要特点是与欧盟对俄政策的联动性增强。2022年俄乌冲突的爆发进一步凸显了俄罗斯因素在欧盟对华政策中的重要性，俄罗斯因素成为影响中欧关系的重要因素。

（四）中国因素

中国因素也是影响2022年欧盟对华政策的一个重要原因。正如德国总理朔尔茨在访华前公开发表的文章所言，"随着中国发生变化，我们同中国打交道的方式也必须发生变化"。在欧盟看来，中国在疫情防控、打击资本无序扩张等国内政策以及俄乌冲突等国际问题上的立场等代表了一个重要的变化,尤其是在疫情因素和乌克兰危机的双重冲击下,欧盟对中国市场的信心以及风险认知发生一定变化。因此,欧盟对华政策也将这些变化纳入考量并相应调整。

2023 年欧盟对华政策展望

展望 2023 年,欧盟对华政策有望保持 2022 年底出现的回稳势头,在新的基础上重新接触(re-engagement)可能成为欧盟对华政策的一个现实考虑。因此,2023 年中欧关系有可能出现新的机会窗口,但接触不代表中欧关系会回到过去"一切照常"的状态。

当前欧盟对华政策处于非常矛盾和纠结的状态,在强调竞争的同时又希望保留合作的余地,对中国的合作仍抱有期待。尤其是在俄乌冲突久拖不决的情况下,欧盟一方面需要稳定与中国的合作以缓解自身经济困境和能源危机,另一方面又期待中国在外交上为俄乌冲突的解决做出更多的努力。2023 年欧盟可能继续通过深化接触以进一步稳定中欧关系,从这个意义上而言,未来的欧盟对华政策走向也在一定程度上取决于中国的政策选择。

2023 年欧盟对华政策有三个趋势值得关注。首先,随着中国重新开放以及"稳增长"重新成为中国政策优先目标,欧盟对华经贸合作有望提升以缓解欧盟自身的经济困境以及可能出现的衰退。同时,欧盟在特定经贸领域将继续其减少对华依赖和寻找多元化伙伴的政策路径;其次,随着法国总统马克龙、意大利总理梅洛尼以及欧盟委员会主席冯德莱恩表态有意访华,欧盟有望恢复与中国在各层次的政治往来,加强与中国的政治对话,但意识形态、人权制裁、俄乌冲突、台湾问题、美国压力以及瑞典担任轮值主席国等因素将继续制约欧盟在政治领域的对华立场;最后,俄乌冲突和台海局势等不同性质的安全议题将继续占据欧盟对华政策的显著位置,尤其是随着部分欧盟成员国向乌克兰提供进攻性武器,俄乌局势可能再次升级,给中欧关系带来不确定性。

(本文发表于 2023 年 2 月 28 日。原载于复旦大学国际问题研究院中欧关系研究中心与上海欧洲学会共同发布的《欧洲对华政策报告(2022)》,原标题为《2022 年欧盟对华政策》,此处内容有删节。)

36. 未来德国对华政策会有"喧嚣"和"宁静"两重奏

刘丽荣,复旦大学国际问题研究院
中欧关系研究中心副教授

2022年是中德建交50周年,但是在德国政界和媒体出现了一种妖魔化中国的潮流,中德经贸合作被片面地解读为德国对中国的依赖,中德之间的价值分歧被无限放大。俄乌冲突的爆发,标志着冷战以后德国对俄政策的失败,这也促使德国政府重新思考对华政策。

2022年德国对华政策的走势

在对华政策方面,执政的"红绿灯联盟"内部存在比较大的分歧。社会民主党主张以问题为导向,继续默克尔务实合作的对华政策;绿党和自由民主党强调以价值为导向,对中国事务持批评态度。俄乌冲突爆发以来,德国执政联盟内部在中国问题上各自为政,总理府与外交部和经济部之间的冲突日趋尖锐。

(一) 德国总理府:加强对华合作

2022年11月德国总理朔尔茨访问中国,成为新冠肺炎疫情以来第一位访华的欧盟国家领导人,也是中共二十大后第一位访华的西方主要国家领导人。在与中国国家主席习近平的会谈中,朔尔茨明确表示不希望与中国"脱钩",无论是现在还是未来,中国都是德国的重要合作伙伴。

　　访华之前,朔尔茨在德国《法兰克福汇报》发表署名文章,阐述中国之行的目的和意义,为德国对华政策定下基调。首先,中国的崛起不是限制合作的理由。德国需要面对来自中国的竞争,同时在符合双方利益的情况下寻求合作。其次,中国是德国和欧洲的重要经济和贸易伙伴。减少片面的依赖性,并不等同于经济脱钩,而是明智的多样化。第三,中德合作不会无视争议,这也是德国和中国之间公开交流的一部分。第四,平衡竞争与合作需要分寸感和实用主义,而不是加强保护主义。

(二) 德国外交部:人权作为对华政策的核心

　　加强经贸合作是冷战以后德国对华政策的基础,德国外交部长贝尔伯克(Annalena Baerbock)则尝试对这一路线进行大幅度的调整,主张把人权问题作为塑造未来中德关系的决定性因素。

　　德国外交部正在制定一份新的中国战略,旨在加强德国企业在中国业务的风险管理,减少对华投资,同时限制中国企业在德国投资。在对华政策上,德国外交部强调人权的重要性和价值导向,同时反对新的集团对抗。贝尔伯克明确指出,新的对华战略不是一个脱钩战略,在一个完全相互关联的世界中,与全球第二大经济体脱钩是不可想象的。

(三) 德国经济部:减少依赖,限制合作

　　过去三十年,中德经贸关系发展迅速。中国是德国在全球最大的贸易伙伴,德国也是中国在欧洲最重要的贸易伙伴。绿党主政经济部后,质疑中德经贸关系的发展。德国经济部长哈贝克把中德经贸合作解读为德国对中国的依赖,提出德国对华贸易政策不再"天真",要求对华采取强硬路线并制定具体的政策措施。

2022 年德国对华政策的影响分析

　　"红绿灯联盟"内部在对华政策上的争论与博弈,为 2022 年中德经

贸关系的发展带来了更多的不确定性。

（一）对中企在德投资的影响

受德国对华政策调整的影响,2022年中资企业在德国投资遭遇波折。2022年9月,中远海运集团计划收购德国汉堡港"福地"集装箱码头35%的股权,旨在将其打造为中国在欧洲的首要转运枢纽。在审批过程中,德国联邦政府内部出现重大分歧。经济部长哈贝克明确反对收购计划,德国外交部对由此可能导致汉堡港军事化表示担忧。在社会民主党和自由民主党的支持下,德国政府在2022年10月底最终批准中远集团进入汉堡港。但是迫于德国经济部的压力,中远集团只被允许持有少数股权,即低于25%的股权。德国外交部正在起草的新的对华战略初稿,警告中资企业不要在德国其他港口进行投资,未来中企在德国投资基础设施项目可能遭遇更大的阻力。

2022年,除中远集团收购案外,北京赛微电子收购德国芯片企业相关资产也在德国社会引发动荡。2022年1月,赛微电子位于瑞典的全资子公司Silex与德国芯片制造商Elmos签署《股权收购协议》,拟收购Elmos位于多特蒙德市的汽车芯片制造产线的相关资产。历经十个月的审查程序,2022年11月,德国经济部以"对德国公共秩序和安全构成威胁"为由,宣布禁止这一收购交易。

（二）对德企在华投资的影响

为了降低中国市场对德国企业的吸引力,2022年,德国经济部出台一揽子措施,包括对在华新经济项目的出口或投资担保设置上限。2022年,德国经济部对在新疆拥有经营业务的德国公司停止发放投资担保,其中包括大众汽车和化工集团巴斯夫,这意味着在华投资风险最终将由各公司自行承担。

虽然德国外交部和经济部高调呼吁减少对华依赖、限制中德合作,但是对于德企在华贸易与投资并没有产生实质性的影响。根据德国经济研究所和联邦统计局的数据,2022年上半年,德国对华直接投资流量达到100亿欧元,是2000年以来的最高值。此外,2022年上半年,中德双边货物贸易也出现了两位数以上的大幅增长。

（三）德国国内有关对华战略的争论

"红绿灯联盟"内部在对华战略上的巨大分歧，在德国国内也引发许多争论。德国外交政策专家桑德施奈德（Eberhard Sandschneider）批评德国经济部提出的脱钩预案，强调德国无法回避中国的全球角色。他指出，所谓德国对华经济依赖是德国近几十年来经济繁荣的基础，保障供应链的问题应由企业决策，而非政策约束。中国问题专家博克（Henrik Bork）批评妖魔化中国的短视政策，主张在对华战略上采取务实态度，自信地追求德国和欧洲的利益，同时不阻碍中国自身的发展。针对中远集团收购案，德国工商总会的贸易专家特赖尔（Volker Treier）表示，如果因为缺乏明确的投资安全标准而拒绝重要贸易伙伴的投资，将对德国作为投资地的吸引力产生负面影响。

德国对华政策趋势预判

"红绿灯联盟"执政协议明确德国将在"伙伴、竞争及制度对手"的框架下，寻求与中国的合作。这一表述与默克尔时代的用词有所区别，与欧盟对华政策的立场更为接近。综观2022年的德国对华政策实践，竞争和制度对手的因素远甚于合作。作为欧盟的第一大经济体，德国未来对华政策的走向受到执政联盟内部博弈、中美战略对抗以及俄乌冲突等诸多因素的影响。

首先，如何妥善处理总理府和外交部之间的竞争与分工，是左右德国对华政策的重要因素。默克尔任内，总理府成为对外政策的决策中心，朔尔茨努力延续这一做法。德国政府计划在2023年出台国家安全战略，并成立一个相应的委员会，把相关政府部门的权限整合在一起。社会民主党主张将这一新的机构设在总理府，以此加强朔尔茨在对外事务中的协调职能。绿党则希望把新的机构设在外交部内，防止总理从外交部夺走更多的权力。未来一段时间，德国对华政策将会存在两种声音：一种是喧闹的道德主义，另一种是宁静的现实主义。重要议题可能会像以前一样留在总理府,在争议情况下,优先考虑实力政治的因素。

其次,中美战略竞争是影响德国对华政策走势的重要因素。俄乌冲突期间,跨大西洋伙伴关系得到进一步加强。德国总理朔尔茨明确表示,未来在对华政策方面,将与法国等欧盟国家以及跨大西洋伙伴进行密切协调。美国希望德国在对华问题上采取清晰立场,德国在与美国协调并承担成本方面犹豫不决。受新冠肺炎疫情和俄乌冲突的影响,作为制造业大国和以出口为导向的国家,德国面临诸多挑战。北溪天然气管线的终结打破了德国长期以来的能源安全布局,能源短缺导致德国制造业成本上升,通货膨胀高企。在美国优先的原则下,德国在许多领域被美国视为竞争对手。当前德美之间的最大分歧在于拜登提振美国再工业化的《降低通胀法》,其中的贸易保护主义条款使欧洲制造业处于竞争劣势。如果分歧无法得到解决,美欧之间可能爆发新的贸易冲突。

第三,中国在俄乌冲突中的平衡立场,在德国和欧洲却被妖魔化为国际和平与安全秩序的负面因素。俄乌冲突仍在继续。未来几年,如何应对与俄罗斯的利益冲突,将是德国内政外交面临的主要挑战。随着俄乌冲突的发展,德国迫于安全压力必须调整对华战略。中德经贸关系的体量远甚于德俄经贸关系,对华采取强硬措施必将对德国经济造成严重影响。德国所谓减少对华经济依赖,并不等同于经济脱钩,而是在具有战略意义的产业领域寻求国际合作的多样化。值得注意的是,在政策层面,欧盟和德国近期出台了一系列措施。欧盟的全球门户计划和印太战略,旨在加强对中国周边国家的投资,寻求替代化生产。在地缘经济方面,德国有意寻求亚洲政策的再平衡,重视发展与日本、印度等国家的关系,加强德国在印太地区的参与。

展　　望

2023年1月,朔尔茨以"全球时代转折点"为主题,在美国《外交事务》杂志发表署名文章,概括了德国新政府对于当前世界局势的看法。朔尔茨指出,俄乌冲突和新冠肺炎疫情结束了全球化的一个特殊阶段,但是世界不会因此分裂成相互竞争的集团,而是走向一个群雄竞逐的多极世界。朔尔茨不认同世界将进入中美对立的两极化时代,明确反对因为中国崛起而孤立中国。2023年,"红绿灯联盟"将提出新的对华战略,目前正在草案磋商阶段,绿党和自由民主党尝试推动社会民主党调整对华路线。减少依赖、人权问题和台湾问题,有可能成为未来一段时间德国对华战略的关键词。

（本文发表于2023年2月28日。原载于复旦大学国际问题研究院中欧关系研究中心与上海欧洲学会共同发布的《欧洲对华政策报告(2022)》,原标题为《2022年德国对华政策》。）

37. 2023 年法国对华政策仍将延续"两面性"

薛晟,上海外国语大学法语系副研究员、
上海外国语大学区域国别研究院法国与
法语国家研究中心智库研究员;
张骥,复旦大学国际关系与公共事务学院教授、
副院长,复旦大学法国研究中心副主任

2022 年,法国总统选举和国民议会选举成为法国政治中心议题,国内政治生态持续演变;俄乌冲突、美国顶着"重新拥抱多边主义"之名行"美国优先"之实等外部因素对法国内外政策造成重要影响。在这些内外因素作用下,对华政策在法国外交中的重要性有所下调。在对华政策上,马克龙及其领导的政府延续此前在中美战略博弈中寻求"战略自主"以及在经贸和意识形态层面保持"两面性"的特征。

法国对华政策的国内、国际背景

内政层面,马克龙政府面临越来越大的压力。尽管马克龙在 2022 年总统大选中面对极右翼候选人勒庞的再次对决,仍顺利获得连任,但其领导的"共和国前进"运动(现已改名为"复兴党")未能在立法选举中获得国民议会多数议席。尽管在野党也因势力分散而未能有任何一个政党获得国民议会多数议席形成与"复兴党"共治的局面,但马克龙也遭遇了"跛脚"的状态。尽管其任命的总理博尔纳在组建新政府时,表达了希望在国民议会中构建"行动多数派",针对不同的议题联合不同政党的意图,但传统左翼社会党和极左翼"不屈的法兰西"、绿党和法共在议会中形成的"环保与社会人民新联盟"(Nupes),以及极右翼的"国

民联盟"凭借"反马克龙"的共识,在国民议会中已经逐渐形成"行动的反对多数派",而原本马克龙期待与其联合的共和党也因希望展现其政治主张而在议会中未能与马克龙领导的"复兴党"形成合力。马克龙面临越来越大的压力。尤其是在其几乎确定援引宪法第四十九条第三款规定,将退休制度改革措施融入预算法案强行通过的情况下,其将要面对的、无论是来自民众还是来自国民议会的反对声音将越来越大。

经济层面,尽管法国凭借其立足于地中海,延伸至中东和北非的能源战略,以及法国在核能领域的领先地位,在俄乌冲突引发的能源危机中,相较其他欧元区国家所受消极影响较小,不论是通胀率还是经济数据均优于其他欧盟国家,但近期法国央行公布的预测数据依然显示出未来法国经济面临的严峻形势,一年内三次下调预期也显示出法国国内对经济增长并不乐观的情绪。

在欧盟层面,俄乌冲突及其引发的能源危机和粮食危机显现出法国在"后默克尔时代"缺乏引领欧盟的领导力。东西欧国家之间,因对于俄乌冲突不同态度而产生的在安全层面不同诉求导致的态度不一,致使分歧越来越大,尤其是在法国面对俄罗斯的"核威胁"而打破了原有的"战略模糊"原则后,东欧对北约在安全层面的依赖愈发严重,在俄乌冲突结束之前,这一矛盾将持续下去。

欧盟政治的发展有"德法轴心"向"法德轴心"转变的趋势,同时法德之间的矛盾在一些层面扩大,甚至出现裂痕。德国三党联合执政带来的在外交政策上的不断妥协,使得法国在自身实力无力支持"战略自主"的情况下,矛盾愈发激烈。尽管当前面对美国的《通胀削减法》暂时搁置了因为能源、武器、补贴等问题引发的矛盾,但裂痕依然存在,马克龙试图联合德国实现其带领并借助欧盟实现"战略自主"的意图蒙上阴影。

在全球政治领域,因俄乌冲突爆发,法国加入了制裁俄罗斯的行列,但依然展现出希望扮演俄乌冲突调停者的角色。因此,马克龙从俄乌冲突爆发至今,未曾中断与普京之间的联系。而为确保其面临俄乌冲突带来的能源危机能够独善其身甚至带领欧盟走出危机,确保其基于地中海的能源战略,马克龙正不断调整其对非政策,试图通过包括自萨赫勒地区撤军、承认殖民历史并成立历史问题审查委员会等措施,构建法非关系新的叙事模式,挽回法国在非洲的影响力,构建"基于平等的伙伴关系"。

作为对法国对外政策影响最大的法美关系,继因 AUKUS 降至低谷后,法美关系持续走低,面对俄乌冲突,法美之间就是否坚定"反俄"存在不同利益和态度,而在贸易层面,法国对美国顶着支持多边主义之名,行保护主义和"美国优先"战略之实的不满情绪日益增加,尤其是在《通胀削减法》公布后,法美之间就贸易保护主义的龃龉愈发严重,而在伊核协议、中东驻军、朝鲜半岛局势等全球治理领域的重大问题上,法美之间也因自身利益诉求不同而产生重大矛盾。

对华政策:延续和调整

随着国内外环境的变化,法国在 2022 年对外政策也出现了重要的调整。尤其是在俄乌冲突爆发后,与美、俄等双边关系重要性不断上升,成为 2022 年法国外交的重点,这在一定程度上导致对华政策关注度的下降。但中法两国依然保持多层级高频次的交流,两国领导人除借二十国集团(G20)之际在线下面对面长时间交流外,还有 5 次通过电话或视频会议就两国关系和国际事务进行交流,国务委员兼外交部长王毅也保持着与法国外交部长和总统外事顾问的高频次线上交流。

中法之间在人文交流和第三方合作上也保持紧密关系,"经典之声"巴黎中国文化中心成立 20 周年庆典音乐会、"第四届中法中学生数学交流活动"、"美美与共——中法文化交流活动"、"留学美丽中国,共促文明互鉴"联谊招待会等活动在法国隆重举行;中法非三方高等教育论坛、中欧非绿色能源发展论坛等活动在线上线下同步展开。

中法之间经贸合作也保持着高水平的发展。继 2021 年中法之间双边贸易额突破 800 亿美元后,2022 年中法合作继续稳中向好,双边贸易进一步增长,工业及消费贸易发展亮眼;中法消费市场互认互信,农产品贸易快速增长;中法优势互补,共同发展第三方市场合作潜力较大。中国已成为法国的第七大进口国(法国占中国市场份额的 1.4%)及第二大出口国(中国占法国市场份额的 9%)。经贸成为双边关系

"压舱石"角色进一步显现。

经贸关系持续走高的同时,中法在一些问题上的分歧也有所加深。俄乌冲突成为中法之间分歧的一个重要领域。一是俄乌冲突爆发至今,法国一直希望在欧盟内部统一对俄态度的同时,中国也能够支持法国及欧盟的对俄态度,"不要支持俄罗斯,至少不要破坏西方对俄罗斯的制裁"。中国在俄乌冲突问题上一直保持独立和公正的立场,在强调支持乌克兰维护领土主权完整的同时,也坚定强调俄罗斯合理的安全关切必须得到重视。法国方面对中方的一些立场不能正确理解。

二是在"后默克尔时代",马克龙展现出扮演"欧盟领导者"的雄心,协调欧盟内部态度统一成为其欧盟政策的重中之重,而自俄乌冲突以来,欧盟将中俄定为其在意识形态层面的对立面,马克龙即使在对华态度上较为友好,但在欧盟话语体系下不能独立行动。

三是不论在法国内部,还是在欧盟层面,由于马克龙领导力的缺乏,妥协已经成为一种必须和必然,而对外政策成为其最容易通过妥协达成一致的领域,对华政策便成为其妥协过程中的牺牲品。

在对华关系中,美国因素依然是影响中法关系的最重要因素之一。尽管法美之间不论是在经贸层面还是在对外政策层面均存在巨大分歧,但基于"跨大西洋伙伴关系"和"价值观联盟",以及基于北约的军事联盟,美国对包括法国在内的欧洲国家在意识形态方面和军事安全方面施加巨大的影响力。而在欧盟内部,包括冯德莱恩在内的欧盟委员会和欧洲议会议员的"亲美"立场,进一步加剧了美国在欧盟内部的影响力。美国因素俨然成为法国在对外政策上试图摆脱却无法摆脱的因素。因此造成法国尽管试图避免在中美战略博弈中"选边站队",但在意识形态方面不得不站在美国一边,而在经贸层面则试图提升中法之间经贸关系的局面。

此外,中国的国内政策和法国自身利益也成为影响法国对华政策的重要因素。疫情爆发以来,法国舆论未能正确理解甚至公开污蔑中国的抗疫政策,这些不利中法关系的正常发展。

同时,疫情的延宕也给中法关系,尤其是中法经贸关系造成困难。为确保其供应链安全稳定,尤其是在俄乌冲突后,中国一度被美西方污名化,在对华政策上,法国选择了通过供应链"多元化",避免对中国过度"依赖"。从法国自身利益出发,在供应链安全可能受到影响的情况下,除了供应链的"多元化",法国在国内反思多年来"去工业化",要求"再工业化"的呼声越来越高,也成为法国试图领导欧盟"战略自主"的一部分。这导致两种后果:一方面,在新能源领域,法国试图通过在原材料领域的"自力更生",通过包括立项开采首个锂矿等措施,在摆脱对中国"依赖"的同时,树立起在绿色能源领域的领导者地位。另一方面,在台湾问题上,为避免在佩洛西窜访台湾后,台海局势紧张对法国国内芯片供应链造成的影响,法国虽然一再重申支持"一个中国"的立场,但在包括《2022年国家战略审查》等官方文件中,始终主张所谓保持台海局势稳定,反对武力解决台湾问题。

展　　望

2023年,中法关系的机遇和挑战并存。马克龙计划于2023年初访华。在此次访华中,马克龙将在经贸、环保、金融稳定、俄乌冲突、朝鲜半岛局势、伊核协议等问题上,提出法方诉求,期待中方的更多支持。在经贸、环保、金融等领域,中法之间有拓展进一步合作的空间。

尽管法国对美政策的调整避免了法国在"选边站队"时过于偏向美国,但法国在对华政策上或将依然延续近年来的两面性特征,即在经贸领域对华诉求不断加深,希望通过贸易和相互投资进一步促进法国从新冠肺炎疫情和俄乌冲突中复苏的步伐,夯实其实现"战略自主"并领导欧盟构建足够的经济实力基础;而在政治上,要完全搁置争议在当前欧盟和法国内部舆论氛围中并不容易落实。

在全球治理领域,随着中国在全球事务中发挥越来越重要的作用,法国希望与中国开展更多的更务实的合作。尽管法国国内仍存在对中国作用持续增长的忧虑,但要发挥法国在全球治理中的软权力,中国的支持必不可少。作为联合国安理会常任理事国的中法也可以寻求到双方合作的最大公约数。法国将在所谓"规训"中国全球行为与和中国开展全方位合作的矛盾中寻求某种平衡。

在人文交流领域,中法之间依然有着较为广泛的合作空间。2024年将迎来中法建交60周年,未来一年中,法国也将通过中法旅游年等合作来为建交 60 周年营造良好的人文氛围。随着中国疫情防控政策的调整,中法之间的人员往来,特别是中国赴法旅游的逐步恢复将为民间氛围的改善提供新的契机。

　　(本文发表于 2023 年 3 月 1 日。原载于复旦大学国际问题研究院中欧关系研究中心与上海欧洲学会共同发布的《欧洲对华政策报告(2022)》,原标题为《2022 年法国对华政策》。)

38. 英政府搅局下，2023年中英经贸交流或更艰难

李冠杰，上海外国语大学上海全球治理与
区域国别研究院英国研究中心智库研究员

2022年，英国政府频繁换届，但对华政策却一如既往的强硬。由于俄乌冲突爆发，英国政府无暇全力应对所谓"中国威胁"。但英国政府在战略上分化中俄，避免双方深度合作。英国政府继续以双标干涉中国内政，在涉港、涉疆、涉藏、涉台等事务上发表不负责任的言论和开展不正当的行动。由于中英高层沟通不畅，中英人文交流受挫，在韧性十足的经贸合作中，英国政府却以国家安全为由强行介入，影响了中英正常的经贸、投资和科技合作，并造成英国人民的不满。

战略上分化中俄合作，抗俄并喊话中国

2022年对英国来说是战略实施的重要年份，在英国政客看来很多事件的爆发印证了英国此前的战略预判。2021年英国发布报告称：俄罗斯是英国的"最严重威胁"，中国是"系统性竞争对手"。2022年初，英国一方面盯防俄罗斯在乌克兰边境的军队结集情况，另一方面对中俄关系热络感到担忧和不安。英国外交大臣特拉斯向中国发出呼吁，声称中国想要当负责任的全球行为体，就应尽一切可能确保俄罗斯后退。

2022年2月24日俄乌冲突爆发后，英国全力以援助乌克兰。在英国议会下院辩论中，一些议员把中俄区别对待，认为中国不是俄罗斯，并呼吁中国不要效仿俄罗斯，相反可以利用平息俄乌冲突的绝佳机会展现领导力。实际上，这是在拉拢中国抗击俄罗斯。但因为中国保

持中立的立场,英国的策略并未奏效。

2022 年 3 月初,英国首相鲍里斯·约翰逊公布"六点行动计划"以确保"普京必须失败";随后的 3 月 25 日,中英双方就乌克兰局势交换意见,中方的立场是,国际社会要劝和促谈,创造条件推动乌克兰恢复和平,中国愿意发挥建设性作用。

在多次向中国喊话并要求中国公开反对俄罗斯失败之后,英国外交大臣 2022 年 4 月底表示,"中国的崛起并非无法阻挡。如果中国不遵守规则,也就不会继续崛起",并呼吁占全球经济体量一半的七国集团(G7)团结一致增强经济安全。英国还借助七国集团的力量呼吁中国对俄施压,迫使俄罗斯立即无条件从乌克兰撤军。

除口头呼吁外,英国还在实际行动上抗衡中国。在美国众议长佩洛西窜访台湾之时,英国指责中国单方面升级台海局势,而罔顾美国挑衅在先的事实。苏纳克自担任英国首相后延续前任政府的既有对外政策,对华进一步强硬,认为中英关系"黄金时代已经结束"。

继续以双重标准干涉中国内政

英国在国际社会要求他国尊重别国主权和领土完整,但具体到对华关系上,英国政府却长期干涉中国内政和破坏中国领土安全。

或许由于英国女王去世和首相频繁换届的缘故,英国政府 2022 年只发了一份《香港问题半年报告》,第二份报告可能于 2023 年发表。然而英国长期干涉中国内政的决心并未改变,自中国在香港恢复行使主权以来,英国政府已公开发表 50 份《香港问题半年报告》,大多站在英国立场对中国的批评。

为引导中国香港居民赴英,英国政府为持英国国民(海外)护照(BNO)的中国香港居民开设了移民英国的绿色通道,此举严重违反《中英联合声明》。截至 2022 年 7 月,英国已为 12.3 万余中国香港居民重建身份,并资助英国国内 40 余家非政府组织为这些香港人在英"落户"予以协助。

除以实际行动干涉香港事务外,英国政府还围绕新疆、西藏所谓"人权"问题大做文章。在台湾问题上,英国政府坚称航行自由,并派官员窜访。

此外，保守党前党魁邓肯·史密斯、军情五处处长麦卡勒姆等人极力渲染"中国威胁论"，把英国自身问题归咎于中国干涉，以此来缓解近年来因英国脱欧和新冠肺炎疫情导致的社会危机，转移国内矛盾。"中国威胁论"的鼓吹者指责中国"试图渗透和颠覆英国政治体系"，寻求影响英国议员进行"政治干涉活动"，试图改变游戏规则，是英国最大的战略挑战。

高层交往不畅，人文交流受挫

21世纪以来，中英高层交往不断深化，相关对话机制得以建立，比如中英经济财金对话、战略对话、高级别人文交流机制等。近年来，随着英国完成脱欧，中英高层交往明显减少，相关对话机制处于暂停状态。约翰逊、特拉斯、苏纳克三位首相至今未曾访华，中英高层仅以通电话形式沟通紧急事务。

2022年是中英建立大使级外交关系50周年，理应是纪念和推动双边关系发展的重要契机。2022年2月25日，外交大臣特拉斯与王毅国务委员兼外交部长通电话，英方主要表达的是希望中方支持乌克兰；2022年3月25日，首相约翰逊与习近平主席通电话，时间约1个小时，主要讨论的是乌克兰局势。伊丽莎白二世女王去世后，2022年9月19日，中国国家主席习近平特别代表、国家副主席王岐山在伦敦出席英国女王葬礼，为稳定中英关系发展作出表率。

苏纳克当选英国首相后，英国政府对华强硬态度仍未改变。苏纳克原计划在2022年11月举行的二十国集团（G20）巴厘岛峰会期间与习近平主席会晤，但偶发事件最终使这一计划搁浅。就连英国下院外事委员会主席卡恩斯也忍不住批评苏纳克取消这一会晤日程的行为，认为中英之间信任赤字增大，双方会晤有利于防止误判，而英方取消会晤的做法"可耻"。

苏纳克上台后还在推动英国重新审视对华关系定位，准备把此前对中国的定性从"系统性挑战"升级为"系统性威胁"，而苏纳克在二十国集团峰会期间接受媒体采访时使用了"系统性威胁"的说法。英国对华关系定位进一步恶化，让中英关系雪上加霜。

高层交往频率不足影响中英关系走势,致使人文交流丧失动力。在英国政府拒绝派官员参加北京冬奥会后,英国代表团只取得一金一银的成绩,奖牌总数低于此前两届的 5 枚。苏纳克竞选首相时曾表态,他将关闭全英 30 所孔子学院,以示对华强硬。

相反,中国则始终坚持求真务实,放眼长远,致力于中英关系向好发展。中英人文交流底蕴深厚,新冠肺炎疫情前中英人员交流每年近 200 万人次,中国目前在英留学生共 22 万余人。中国驻英大使郑泽光去年 6 月与中国留学生座谈时称,"每一位在英中国留学生都是一张行走的中国名片",并鼓励留学生"展示中国人的志气骨气底气,当好中华文化的传播者、中英友好的促进者"。短期内,英国政府对华强硬态度难以扭转中英人文交流的发展势头,但巨大的阻力显然在迅速增强。

以国家安全为由介入韧性十足的经贸关系

自中英关系"黄金时代"开启以来,中英双边贸易额不断攀升。但民粹主义兴起导致英国政治内卷,英国在脱欧后对华更加强硬,以安全为由审查中国在英经营的企业,倡导脱钩断链,为强劲的中英经贸关系增压加码,直接影响英国工人的就业和福祉。

据中国驻英大使馆数据,2022 年前 11 个月,中英双边贸易额突破 950 亿美元。相比 2021 年中英双边贸易额的 1 126 亿美元,预计 2022 年将呈现下降趋势。导致中英双边贸易下降的原因可能是新冠肺炎疫情,但更重要的是英国政府强力介入双边经贸活动的极端行为。

2022 年 1 月 4 日,英国的《国家安全与投资法》生效,这是英国首次引入投资领域国家安全审查制度。该法规定收购方强制申报制度,凡是某一主体对英国境内的实体或资产获得控制权时,英国政府的商业、能源与工业战略部(BEIS)会主动介入,审查这种交易对英国国家安全构成的威胁。

2022 年 7 月,商业、能源与工业战略部决定阻止曼彻斯特大学向"北京无限愿景科技公司"提供 SCAMP-5 和 SCAMP-7 视觉传感技术。英国政府调查认为,这项技术可能被用来发展国防或技术能力,进而危害英国国家安全,还存在知识产权转让风险;8 月,商业、能源与工业战略部下令阻止"香港超橙控股有限公司"收购布里斯托尔的软件开发公司"脉冲",认为该公司的知识产权和软件可用于军事或民用的尖端集成电路,这些用于发展国防或技术能力的产品可能会被利用。

除竭力阻止现有的中英商业与科技合作,英国政府还对既有合作进行审查。2022年11月,商业、能源与工业战略部对安世半导体公司收购新港晶圆厂股份作出决定,要求中国泰闻科技公司下属全资子公司安世半导体出售其在2021年7月收购的86％股权,认为该项收购可能会削弱英国生产集成半导体的能力,而且新港晶圆厂身处威尔士南部产业集群中,可能会妨碍这一产业集群参与到未来涉及英国国家安全的项目。

英国以国家安全为由介入中英经贸关系,造成的恶果并非只由中国方面承担,英国民众更加深受其害。在得知英国政府勒令安世半导体出售其股权后,新港晶圆厂10余名员工代表前往伦敦约见选区议员表达其观点,他们对政府的决定感到震惊和愤怒,要求把该公司留在中国人手中,以保住当地员工的工作。

在英国政府的搅局下,中英深度的投资、科技交流与合作将会受阻。虽然中英双边合作互补性强、韧性十足,但未来的中英经贸合作可能走下坡路。

展　　望

英国首相苏纳克已宣布中英"黄金时代"结束,对中国的定性或由"竞争对手"变成"威胁"。英国必然会加大对中国内政的干涉力度,具有韧性的经贸交流在英国政府的搅局下变得更加艰难。即便换作工党上台执政,这种人为扭曲的中英关系格局难以得到改善。随着经济实力逐年下降,英国与中国的差距会越来越大。短视的政府无法制定出富有远见的政策,继而加剧英国民众的不满情绪和社会焦虑感。

（本文发表于2023年3月3日。原载于复旦大学国际问题研究院中欧关系研究中心与上海欧洲学会共同发布的《欧洲对华政策报告(2022)》,原标题为《2022年英国对华政策》。）

39. 中国西班牙建交 50 年，双边关系发展也有利中欧稳定

杨海峰，上海欧洲学会秘书长

在国际局势剧烈动荡的 2022 年，西班牙首相佩德罗·桑切斯 (Pedro Sánchez)领导的左翼政府迎来了执政的第五个年头。尽管新冠肺炎疫情造成的负面效应继续减退，但突然爆发的俄乌冲突给欧洲和西班牙带来了巨大冲击和深刻影响。西班牙政府积极追随美欧反俄战略，同时努力保持相对平衡的外交策略，延续了高度重视中国和西中关系的对华政策，持续促进西中交往合作，为即将迎来建交 50 周年的西中全面战略伙伴关系取得更大发展奠定了基础。

全力应对冲突影响，提前备战议会选举

西班牙外交部在回顾 2022 年工作时，将应对俄乌冲突、举办北约峰会和改善对摩洛哥关系列为三大外交重点或成就，而应对俄乌冲突更是成了贯穿全年外交工作的首要重点。更广泛地来说，应对俄乌冲突及其影响是整个西班牙政府和国家在 2022 年时的最主要关注点。与此同时，桑切斯领导的左翼执政联盟面对不容乐观的民调和选情，不得不提前着眼和备战 2023 年议会选举。

俄乌冲突的突然爆发和不断升级，给即使远处欧洲西南端的西班牙也带来了巨大冲击和深刻影响。西班牙工业部 2022 年 12 月中旬表示，能源进口成本飙升导致西班牙 2022 年前 10 个月的贸易逆差与 2022 年同期相比扩大近四倍，前 10 个月的公共赤字已经达到 2022 年全年的两倍多。为了对抗通胀，西班牙政府年内接连发布三个反危机

计划,出台减税、援助和贷款等措施。西班牙统计局发布的报告显示,西班牙 2022 年后期的年通胀率在欧元区处于最低水平,但 12 个月的平均通胀率仍然达到 8.4%,为其加入欧盟以来的最高水平,同时 2023 年通胀率仍将处于 4.9% 的较高水平,失业率将维持在近 13% 的高位,而国内生产总值增长率将降低到只有 1.3% 左右。总体而言,西班牙政府的政策措施取得一定效果,不过也存在不可忽视的隐忧。

安达卢西亚地区选举的惨败,令桑切斯及其领导的工人社会党在 2023 年议会选举中面临较大挑战和不确定性。2022 年 6 月,主要反对党人民党在曾是工人社会党大本营的安达卢西亚自治区选举中取得压倒性优势,复制了一年前在马德里自治区选举的局面。对此,桑切斯及其左翼联盟提出"人民的政府"口号,早早启动了被认为是一场"马拉松式"的政治竞选活动。

高度重视西中关系,持续促进交往合作

面对俄乌冲突等重大挑战带来的新影响,正如桑切斯首相在 2022 年 11 月 15 日与习近平主席会面时所表示的,"中国始终是国际秩序的稳定力量","西班牙愿同中国加强高层交往,促进贸易、投资、人文、应对气候变化等领域交流合作",西班牙政府延续了高度重视中国和西中关系的对华政策,持续促进西中交往合作。

西班牙希望中国能在俄乌冲突中发挥影响力,止战促和。俄乌冲突发生后不久,西班牙外交大臣阿尔瓦雷斯(José Albares)与中国国务委员兼外交部长王毅通电话,一方面表示中国是热爱和平的伟大国家,也是联合国安理会常任理事国,希望中方为促进和平发挥积极作用,另一方面表示西班牙将对俄罗斯进行制裁并准备承担相应后果。在双方参加二十国集团外交部长会议期间,阿尔瓦雷斯再次向王毅表示,中国是有着全球重要影响的伟大国家,希望中国帮助结束俄乌冲突。对于中方来说,自然愿意为乌克兰危机的和平解决发挥建设性作用,但同时反对使用制裁手段解决问题。

西班牙在经济贸易、绿色能源、文化体育、维护和平等多个领域积极开展对华合作。一是在经济贸易领域,西班牙对华贸易进一步

增长。根据中国海关总署统计数据，2022 年西中进出口商品总值为 515 亿美元，约为德中总值的四分之一、意中总值的三分之二，比 2021 年增长 6.5％。

二是在绿色能源领域，西班牙支持加强双边合作。西班牙运输、出行与城市议程大臣拉克尔·桑切斯（Raquel Sánchez）在"能源转型：中国与西班牙的对话"论坛上表示，西班牙政府正在积极促进运输和建筑行业脱碳，推动这些行业的数字化和创新，期待与中国在相关领域展开合作。桑切斯首相在出席中国远景科技集团与西班牙政府战略合作协议的签约仪式上演讲表示，期待双方战略合作帮助西班牙实现碳中和目标。桑坦德银行将为远景在西班牙及全球布局推广零碳产业园提供支持。

三是在文化体育领域，西班牙反对政治化，愿意促进交流。西班牙文化与体育大臣米格尔·伊塞塔（Miguel Iceta）出席了北京冬奥会开幕式，表示冬奥会不应受到政治因素的干扰。萨拉戈萨大学为该校孔子学院成立 5 周年举办庆祝活动，并邀请萨拉戈萨市长等出席。

四是在维护和平领域，西班牙愿意与中国共担使命、发挥作用。在共同执行联合国黎巴嫩维和任务时，担任联黎部队司令的西班牙少将拉萨罗（Lázaro Sáenz）高度赞扬中国维和部队在维护黎巴嫩和平事业中的出色表现。桑切斯首相在访问黎巴嫩塞万提斯基地时也表示，西班牙很荣幸能在联合国的共同旗帜下，与友好国家共同承担如此重要的使命。

积极追随美欧战略，努力保持相对平衡

西班牙作为美国"天然的"盟友、北约"不可或缺的"成员和欧盟主要国家，在俄乌冲突爆发后积极追随美欧反俄战略，同时希望中国对俄施加影响力，斡旋俄乌冲突。尽管中国在乌克兰危机问题上秉持客观公正立场，积极劝和促谈，呼吁有关各方保持理性克制，开展全面对话，通过政治方式解决安全领域共同关切，但该立场和政策并不能很好地得到美欧与西班牙的认同。西班牙与美欧在俄乌冲突中采取的手段是向乌克兰提供大量军事援助，对俄罗斯开展多轮制裁措施。桑切斯首

相在接受采访时声称,俄罗斯不仅在与乌克兰作战,还在与整个欧盟作战,而且俄方"正在输掉的"这场军事行动,只会让欧盟更加强大。

西班牙作为北约峰会的主办国,认为推出北约 2022"战略概念"文件是峰会取得重大成功的标志。但正是此次马德里峰会出台的这份"战略概念"文件,首次提出中国对北约的利益、安全和价值观以及欧洲—大西洋构成了"系统性挑战",对中国进行了充满冷战思维和意识形态偏见的攻击。美国总统拜登出席此次峰会并访问了西班牙,美西双方在发表的《联合宣言》中表示要团结一致应对国际秩序面临的挑战。不仅如此,桑切斯首相在参加第 77 届联合国大会一般性辩论时的讲话还提到了东海紧张局势所产生的威胁。

由此可见,西班牙政府延续高度重视中国和西中关系的对华政策,持续促进西中交往合作,并不代表西中双方在所有问题上都有一致看法和行动,也不表示西班牙社会各个方面都对中国抱有善意、友好相处。除了西班牙政府追随美欧战略提出中国挑战外,西班牙个别媒体、众议院外委会中的少数政党等还在涉台等问题上罔顾客观事实,污蔑中国政策。

不过需要看到的是,与一些激进反华势力相比,西班牙还是在努力保持一种相对平衡的外交策略。比如,虽然北约 2022"战略概念"文件首次提出中国挑战,但西班牙在参与制定北约 2022"战略概念"时,真正关心的是摩洛哥、阿尔及利亚等欧洲南部邻近地区及相关安全威胁。因此,西班牙的要求是在该文件首次加入中东、北非与萨赫勒地区,并确定网络犯罪、非法移民、气候变化影响和混合威胁等。另外,《西美联合宣言》尽管提到了中国,但使用的都是鼓励、贡献等较为委婉的表述,并且同时提出要和中国在提供全球公共产品方面进行合作。正像西班牙外交部国务秘书莫雷诺所表示的,西班牙高度重视发展对华关系,坚定奉行"一个中国"政策,加上西班牙平衡外交策略的努力,西中交往合作得到持续促进。

喜迎建交 50 周年,推动关系更大发展

2023 年,西班牙将在下半年担任欧盟轮值主席国。作为欧盟第四

大经济体,西班牙近年来的国际雄心更趋高涨。西班牙政府有意在
2022 年举办北约峰会后,进一步利用此次担任欧盟轮值主席国的机
会,通过筹办在布鲁塞尔举行的欧盟—拉美加勒比共同体峰会,主办小
型地中海峰会、欧洲政治共同体第三次会议等,大力提升西班牙在欧盟
内的地位和国际上的影响力,同时也为年底的议会大选增加得分。

2023 年,西中迎来建交 50 周年,双方将举办文化和旅游年。桑切
斯首相表示,西方愿以庆祝建交 50 周年为契机,推动西中全面战略伙
伴关系取得更大发展。西中关系已经走过健康发展的半个世纪,只要
西班牙愿意和中国一起继续秉持相互尊重、平等互利的建交初心,坚持
走不同文化、不同制度国家友好相处的正确道路,相信西中全面战略伙
伴关系一定可以迈上新台阶。除了加强双边合作,比如改善西班牙对
华出口,双方还可以积极拓展与拉美、北非的第三方合作。面对新冠肺
炎疫情后重新开放的世界、俄乌冲突影响下更加复杂的全球局势,西中
关系的更大发展不仅有利于西班牙自身国际地位的提升,而且有助于
整个中欧关系的稳定、全球发展的促进以及对世界和平的维护。

(本文发表于 2023 年 3 月 8 日。原载于复旦大学国际问题研究院
中欧关系研究中心与上海欧洲学会共同发布的《欧洲对华政策报告
(2022)》,原标题为《2022 年西班牙对华政策:高度重视,平衡发展》。)

40. 欧洲战略自主：地平线上的 目的地还是地平线？

2023 年 4 月 7 日，结束访华行程的法国总统马克龙在回国的专机上接受随行媒体采访，表示欧洲必须加强战略自主性，顶住成为"美国追随者"的压力。一时间"欧洲战略自主"成为舆论圈的热词，并在大西洋两岸引起争议。尽管有不少批评之声，但有来自欧盟层面的声音表达对马克龙的支持，欧洲理事会主席米歇尔 4 月 11 日称，马克龙的立场并非孤立于欧洲领导人之外，而是反映了欧洲领导人的观念转变，并表示欧洲的战略自主性与几年前相比已经有了质的飞跃。

如果追溯"战略自主"一词最早出现的时间，距今正好 10 年，如今欧洲战略自主现状如何？尤其在经历了近年来的新冠肺炎疫情、中美竞争加剧、俄乌冲突等冲击后，战略自主对于欧洲而言，是已出现在地平线上的目的地，还是只能看见却永远不能抵达的地平线？而一个着力推动战略自主的欧洲，对于中国和世界又意味着什么？近日，围绕上述问题，同济大学欧洲研究中心和上海欧洲学会组织相关专家进行了讨论。以下为讨论的精选内容。

专家简介（按姓氏拼音排序）：

丁纯：复旦大学欧洲问题研究中心主任、欧盟让·莫内讲席教授、上海欧洲学会会长

简军波：复旦大学中欧关系研究中心副主任、副教授

宋黎磊：同济大学政治与国际关系学院教授，欧洲研究中心副主任

伍慧萍：同济大学德国研究中心副主任、教授，上海欧洲学会副会长

忻华：上海外国语大学欧盟研究中心主任、研究员，上海欧洲学会

副秘书长

杨海峰:上海欧洲学会秘书长

目前欧洲战略自主处于何种状况?

丁纯:按照欧盟外交与安全政策高级代表博雷利的提法,欧洲战略自主是为了解决欧盟近年来相对美中而言的战略萎缩,强化硬实力,找回战略自信。2013 年至今,欧洲议会将欧盟战略自主大致划分为四个阶段,在此期间,欧盟将战略自主的范围扩大至几乎所有政策领域,欧盟的战略自主已经是全方位自主,其中几大关键领域处于优先位置。首先,防务战略自主是欧盟最迫切的目标,欧盟自身防务力量不足,在防务领域对美国依赖较大,存在较大短板,亟须加强防务建设;其次,能源战略自主也是欧盟的关键目标,俄乌冲突爆发后,欧盟加速能源转型,寻求进口多样化,极力摆脱对俄能源依赖;此外,欧盟也在科技、供应链以及经济领域加快战略自主步伐,支持自身国防科技等先进技术的发展,扶持并保护欧洲关键工业和产业,多元化布局产业链、供应链,推动数字经济与绿色经济转型,试图摆脱对美、对华依赖。

杨海峰:欧盟近年来在安全防务领域设立了加强战略自主的目标。今年 3 月发布的《执行战略指南针的年度进展报告》显示,欧盟在安全防务上的理想与现实间的差距已经有所缩小。一年时间里,欧盟不仅基本按照预期完成《战略指南针》时间进度表上的各项指标,而且有些指标还在新的地缘政治形势下超预期完成。但新局势也对欧盟安全防务领域的战略自主提出了新要求,欧盟正在不断调整自己的目标和指标。

宋黎磊:欧盟战略自主已经成为欧盟长期追求的战略目标,并在防务、经济与技术等多个领域取得一系列进展。欧盟对于战略自主的意涵认知非常丰富和全面。欧盟对外关系委员会在 2022 年 6 月发布了一个欧洲主权指数报告,主要通过评估欧盟成员国在气候主权、国防主权、经济主权、健康、移民和技术这六个方面的指标来看成员国对欧盟战略自主的贡献度。该报告认为新老欧洲国家对战略自主的贡献度出现明显分流,贡献较高的主要是"老欧洲"国家,德国、荷兰、法国、丹麦属于对欧盟战略自主作出贡献的领导者,大多数"新欧洲"国家无论是在意愿还是能力上对于欧盟战略自主的贡献度都不及"老欧洲"国家,属于表现不佳者。比如捷克是对欧盟战略自主贡献度比较低的国家,一方面它实现战略自主的意愿不强烈,它在安全防务方面的想法基本上与"老欧洲"国家的意愿背道而驰,更希望与美国加强军事联系,另一方面捷克政府和公众始终怀疑欧盟是否能够发展自主防卫,其国内军事现代化和自主创新能力也非常低。

俄乌冲突对欧洲战略自主是福是祸?

忻华:俄乌冲突爆发以来,即使在欧洲内部,欧洲政治精英和战略研究界对"欧洲战略自主"理念的关注和讨论的热度出现了明显下降,并且正在对这套理念进行反思和修正。欧盟战略自主有法国的版本,也有冯德莱恩的版本,但即使是法国版本,随着俄乌冲突爆发,它的态度、关注焦点和叙事的内涵其实也都在不断转移和变化。

宋黎磊:受俄乌冲突影响,"新欧洲"国家对俄罗斯的安全疑虑增强,在安全方面更加依赖美国。"老欧洲"国家相较而言,仍然不放弃发展欧盟自身的安全防务力量。这进一步加大了欧盟成员国间的分歧。这一分歧也影响了欧盟战略自主的实现与发展。

伍慧萍:俄乌冲突升级对于欧洲战略自主的推进更多产生的是消极影响。首先,欧洲在安全防务领域对于北约的依赖性更强了。俄乌冲突升级之后,现实发展并没有按照欧洲人设想的在战略自主框架下朝着实现各领域独立自主的方向进行,在安全防务领域,欧美之间进一步加紧了联系纽带。德国虽然倡导建立了欧洲防空导弹系统,但仍旧是在北约框架下。

其次,欧洲的阵营归属意识进一步增强。俄乌冲突以来,美西方进一步渲染不同制度国家对于构建完全相反的国际秩序的争夺。在俄乌冲突过程中,阵营对峙很明显进一步加深。

再次,俄乌冲突以来美欧加强了战略协调。美欧之间在很多原本应当是欧洲战略自主的重要领域加强了协作,同时欧洲在美欧关系中的处境地位并没有实质性改善。

最后,欧洲在维护本土安全格局方面并没有彰显战略自主。随着俄乌冲突的旷日持久,在欧洲各国引发了一系列负面后果,这对欧洲而言是一种巨大消耗,也不利于欧洲推进战略自主。

丁纯:俄乌冲突让欧洲战略自主的空间被压缩,但其后亦存在相对扩大的可能。俄乌冲突爆发后,缺乏军事实力的欧盟及其成员国主要依赖美国和北约,向乌克兰提供大量武器装备、军事参谋指挥和财政援助。但是,随着俄乌冲突的持续,美国趁火打劫,借能源出口牟利,军工产业大发战争财,并颁布《通胀削减法》加剧欧洲"去工业化"形势,使越来越多的欧洲政治家意识到,美国的相关战略并不与欧洲自身利益完全吻合,更担心"美国第一"的美国政府将乌克兰的烂摊子扔给欧洲。近来接连访华的欧盟成员国领导人即公开呼吁强化战略自主,反映出欧盟战略自主一定程度扩大的可能性。

欧洲战略自主的前景与中欧关系

简军波:欧洲战略自主很大程度上来自欧洲地缘政治意识的觉醒。尽管该战略在推进过程中正遭遇各种挑战,然而由于其地缘政治意识产生后就不会轻易消失,因此欧洲战略自主进程也不会被轻易放弃。

欧洲战略自主面临的挑战既来自内部,也来自外部。内部挑战主要体现为成员国在这个问题上的立场差异和目标差距,及推动自主的财政支持的难度。外部挑战体现为处理其对外关系要面临的难度:一是欧美关系的挑战,欧美同盟关系越牢固,欧洲战略自主的能力就会越低;二是与南方国家关系的挑战,在战略自主刺激下,欧洲如今需要改变与非洲、加勒比、太平洋岛国固有的"援助者—受援者"关系;三是与国际机制关系的挑战,包括欧盟自己在内的一些西方国家基于"安全、环保和人权"等理由而建构的技术保护主义正在阻碍经济全球化的发展趋势；四是与中、俄等非西方大国关系的挑战。欧洲战略自主将会长期推行下去，并由此对中欧关系带来新的挑战。在此背景下，我国长期秉持的"弱功能主义"对欧政策模式难以发挥应有的效应，应改革此种对欧政策模式，与欧方一道，建构具有可分割性、平衡的对欧政策模式与中欧关系。

杨海峰：博雷利曾在《战略指南针》出台前提出 2022 年将是欧洲防务的转折点，如今又有欧洲安全与防务专家指出《战略指南针》里大量行动将在今年交付实施，2023 年将成为欧洲战略自主的十字路口。言下之意，十字路口后走上的很可能就是康庄大道。这似乎响应了欧委会前主席容克在其 2017 年的"盟情咨文"里提出的想法，到 2025 年要建成一个成熟的欧洲防务联盟。

但是，美国国家情报委员会早在十多年前的展望就指出，即使欧盟通过改革增强了危机管理能力，由于成员国对外部威胁看法不同、在国防开支上难以协调，欧盟到 2025 年也不会成为一支主要的军事力量。该委员会在新的展望中进一步指出，离开了北约，欧洲的各种安全倡议都不太可能会形成能抵挡住俄罗斯的军事力量。

确实，欧洲在发展自己的安全与防务过程中，对欧盟与北约、美国的关系越来越谨慎，不管是领导人讲话还是政策文件，谈欧盟安全与防务一定会加上欧盟要与北约互补、要成为北约的支柱。也许这是欧盟发展安全与防务的权宜之计，但也有可能会掉入逐步失去战略自主的陷阱。没有战略自主的欧洲，对中欧关系和世界和平来说，都是重大损失。

忻华：欧洲战略自主，从冯德莱恩上台到现在三四年时间，实际上谈得比较多，实质性内容更多的是体现在产业战略层面，该层面可以看到有比较多的实质性内容，其他方面则没有什么实质性内容，所以它的内容是在逐渐泛化和空洞化。现在的欧洲政治精英对美国和中国，采取的其实是一种差异化的战略，对美国是一套话术、叙事和态度，对中国是另一套，然后在欧洲内部又有一套。所以现在关于欧洲战略自主，欧洲其实已经有三套叙事，分别针对不同的对象。对于欧洲这种战略自主的不同叙事，中国在对欧洲做工作的时候，实际上也可以对欧洲和美国开展差异化工作。

丁纯：新冠肺炎疫情爆发后，欧盟提出要加快在经济上部署开放性战略自主，核心内容是进一步深化与完善欧洲内部大市场以确保产业链安全，但又强调要对外开放。基于这一战略背景，欧盟近年来与中国经贸关系的部分恶化与政策收紧并不是要达到与中国脱钩的目的，而是为了降低欧盟对中国的过度依赖，去风险，提高欧洲商品与国际市场的竞争力。反对脱钩断链得到了朔尔茨、马克龙、米歇尔、冯德莱恩、博雷利等欧洲领导人的一致认可：即欧盟需要致力于减少对中国的过度依赖，解决脆弱性并加强欧盟的韧性，但中国仍是欧盟的关键合作伙伴，不能脱钩。

伍慧萍：最近一段时间以来，欧洲政要纷纷访华，中欧之间至少在外交层面的发展态势非常乐观。但双方在一些原则性问题上仍有分歧，在一些具体实务层面的交往也有困难，这一点从中资收购德国汉堡港集装箱码头又出新变数也可见一斑。马克龙在访华过程中主张欧洲必须成为与美中保持等距的自主力量，他的言论在欧洲引发极大争议，也凸显了中欧关系的复杂性在上升。此次虽然马克龙和冯德莱恩同时访华，但是两人实际上释放出的还是不同的声音，也分别代表了欧洲内部不同的对华立场。不过必须提到的重要事实是，中德、中欧在经贸领域仍旧维持了强劲的合作态势，尽管德国政界一直在强调要降低对华依赖和"去风险"，经济界这几年来仍在不断加强对华投资。

（本文发表于 2023 年 4 月 20 日）

跋

变动不居，唯变所适，环境在变，欧洲也在变，并且在变化适应中逐渐形成自己的规范和模式。中国欧洲学会名誉会长、上海欧洲学会名誉会长伍贻康教授曾在书中将欧洲治理概括为多元一体、区域共治的创新模式。多元一体是欧盟在七十多年发展过程中凝聚的"灵魂"，也是上海欧洲学会"欧洲观察室"专栏设立近七年来呈现的特色。作者队伍广泛、文章形式多样、社会影响良好，这三者共同成就了现在的"欧洲观察室"专栏。

专栏的作者队伍广泛，主体是广大学会会员，学术研究部成员成为其中的生力军，同时还向海内外的专家学者敞开交流互鉴的大门，一起围绕欧洲所面临的各种重要问题和相关时事热点，进行及时、多维、深入、前瞻的观察解读。这里需要感谢于潇清记者，他在驻京工作期间联络了不少北京学者甚至欧洲专家加入专栏、分享观点。

专栏的文章形式多样。一是有学术沙龙的观点荟萃。记得2017年3月22日，在国权路的复旦经世书局咖啡座里，简军波、李冠杰、忻华老师和我围绕英国"脱欧"问题交流看法，朱郑勇记者边提问边记录，第二天就整理出了第一期"欧洲观察室"文章。类似的学术沙龙还有不少，有些如对"共生与多边"的讨论成果尽管没在"欧洲观察室"发表，但有力推动了相关专题研讨会的召开。二是有重要问题的约稿评论。像涉及世界贸易组织改革、欧盟和英国抗疫政策等问题时，姜云飞、朱联璧等在相应领域长期跟踪研究的学者积极提供了有一定深度分析的稿件。三是有政策报告的篇章摘选。学会近年来合作组织撰写的欧洲对华政策、欧美关系走向等报告都有部分文章被摘选到专栏之中。

专栏的社会影响良好，始终站稳中国立场，能够看清欧洲态势、亮明上海观点。上海市社联授予了"欧洲观察室"上海市社会科学学会特色活动奖。这是专栏作者共同努力的成果,也与学会各级领导的关心指导、合作伙伴澎湃新闻的专业精神密不可分。

七年时间,专栏已经有了四十多篇评论,其中不乏专家、大家的佳评力作,如徐明棋名誉会长分析了如何研究欧美关系、丁纯会长对欧洲战略自主进行了评论。百年未有之大变局下,欧洲正经历许多重大乃至分水岭性质的事件。当下,欧盟没有因为英国"脱欧"陷入"去一体化"的分崩离析,但也没有在俄乌冲突等危机推动下实现包括成熟防务联盟在内的战略自主。未来新的形势下,欧盟维新难,守成亦不易。欧洲自身发展及其全球影响、对华政策与欧美关系,方方面面都值得专栏作者关注。在此对所有支持帮助过专栏发展的各界人士表示衷心感谢,也对本书出版过程中上海人民出版社编辑王琪等人耐心细致的工作致以敬意。花开海上,自成一体,相信"欧洲观察室"专栏会呈现更多新品佳作。

杨海峰　上海欧洲学会秘书长
2024 年 3 月 12 日

图书在版编目(CIP)数据

嬗变中的欧罗巴：观察欧洲四十篇 / 丁纯，杨海峰
主编. -- 上海：上海人民出版社，2024. -- ISBN 978
-7-208-19053-5

Ⅰ. D75-53

中国国家版本馆 CIP 数据核字第 2024K9W529 号

责任编辑　王　琪
封面设计　谢定莹

嬗变中的欧罗巴
——观察欧洲四十篇

丁　纯　杨海峰　主编

出　　版　上海人民出版社
　　　　　（201101　上海市闵行区号景路 159 弄 C 座）
发　　行　上海人民出版社发行中心
印　　刷　江阴市机关印刷服务有限公司
开　　本　635×965　1/16
印　　张　14
插　　页　2
字　　数　201,000
版　　次　2024 年 8 月第 1 版
印　　次　2024 年 8 月第 1 次印刷
ISBN 978 - 7 - 208 - 19053 - 5/D・4369
定　　价　72.00 元